Voyage en Italie par M. De La Lande
2e edition. Paris. 1786. 9 vol in 12e

dans l'exemple en plan les planches sont avec le texte.

K 1199
C 2g

Alias de K1192 (5)
Aa 1-g

378

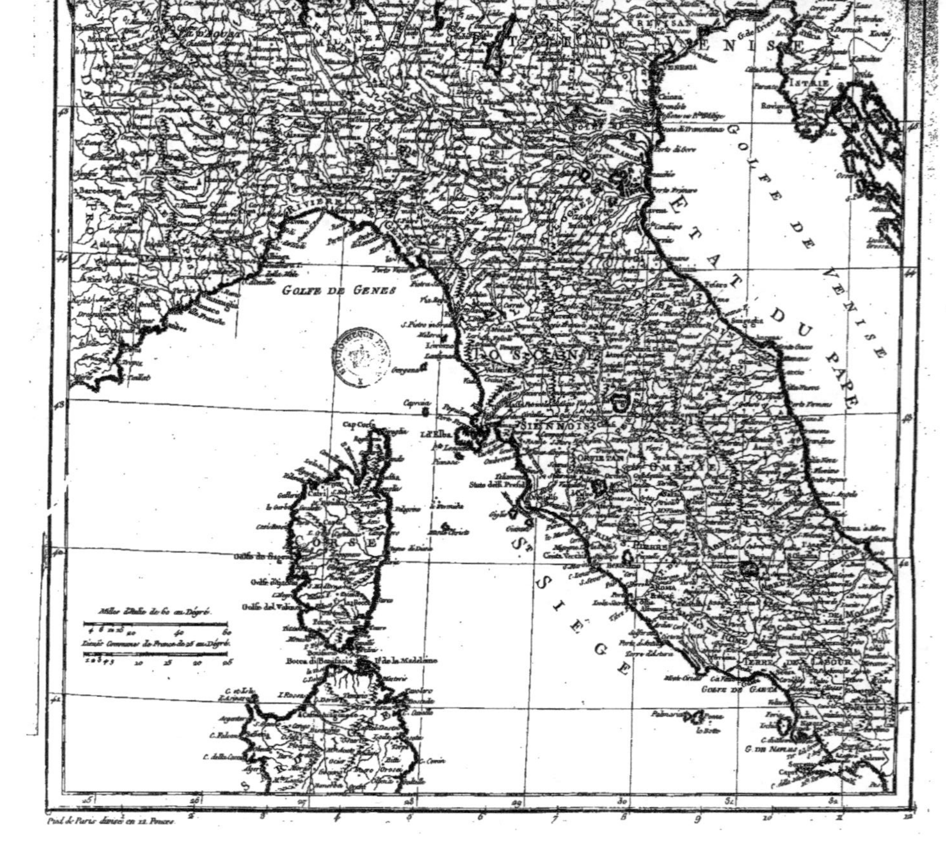
GOLFE DE GENES
GOLFE DE VENISE
ÉTAT DU PAPE
TOSCANE
S.t SIÈGE
CORSE
SARDAIGNE
GOLFE DE GAETE
TERRE DE LABOUR
Milles d'Italie de 60 au Dégré.
Lieues Communes de France de 25 au Dégré.
Pied de Paris divisé en 12 Pouces.

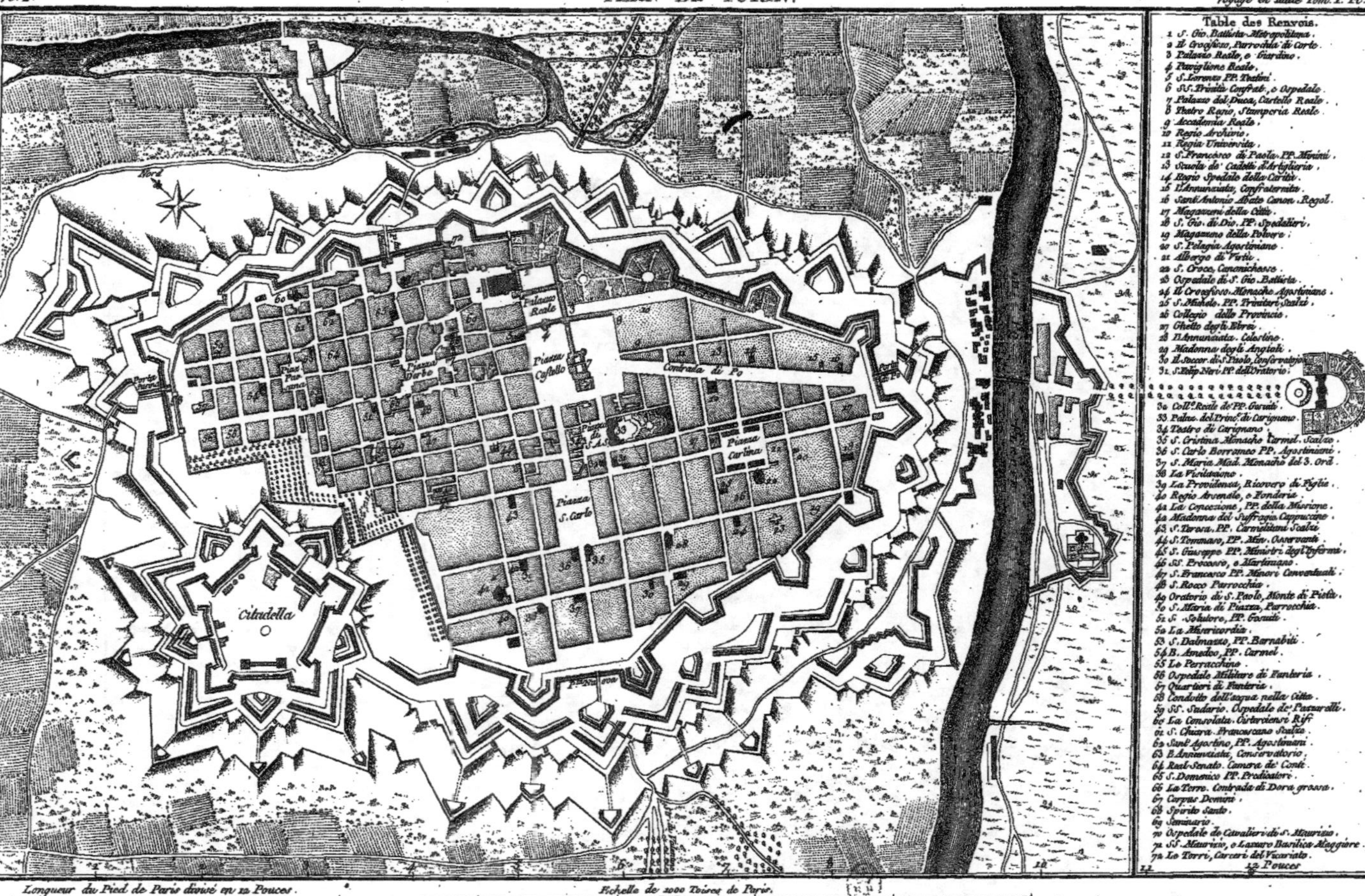

Voyage en Italie Tom. I. Pl. II.
Table des Renvois.
1 S. Gio. Battista Metropolitana.
2 Il Crocifisso, Parrochia di Corte.
3 Palazzo Reale, e Giardino.
4 Paviglione Reale.
5 S. Lorenzo PP. Teatini.
6 SS. Trinità Confrat., e Ospedale.
7 Palazzo del Duca, Castello Reale.
8 Teatro Regio, Stamperia Reale.
9 Accademia Reale.
10 Regio Archivio.
11 Regia Università.
12 S. Francesco di Paola PP. Minimi.
13 Scuola de' Cadetti d'Artiglieria.
14 Regio Spedale della Carità.
15 L'Annunciata, Confraternita.
16 Sant'Antonio Abate Canon. Regol.
17 Magazzeni della Città.
18 S. Gio. di Dio. PP. Spedalieri.
19 Magazeno della Polvere.
20 S. Pelagia Agostiniane.
21 Albergo di Virtù.
22 S. Croce, Canonichesse.
23 Ospedale di S. Gio. Battista.
24 Il Crocifisso. Monache Agostiniane.
25 S. Michele. PP. Trinitari Scalzi.
26 Collegio delle Provincie.
27 Ghetto degli Ebrei.
28 L'Annunziata. Celestine.
29 Madonna degli Angioli.
30 Il Soccor. di S. Paolo, Conservatojo.
31 S. Filip. Neri PP. dell'Oratorio.
32 Coll. Reale de' PP. Gesuiti.
33 Palaz. del Princ. di Carignano.
34 Teatro di Carignano.
35 S. Cristina Monache Carmel. Scalze.
36 S. Carlo Borromeo PP. Agostiniani.
37 S. Maria Mad. Monache del 3. Ord.
38 La Visitazione.
39 La Providenza, Ricovero di Figlie.
40 Regio Arsenale, e Fonderia.
41 La Concezione, PP. della Missione.
42 Madonna del Suffragio. Cappuccine.
43 S. Teresa. PP. Carmelitani Scalzi.
44 S. Tommaso, PP. Min. Osservanti.
45 S. Giuseppe PP. Ministri degl'Infermi.
46 SS. Procosso, e Martiniano.
47 S. Francesco PP. Minori Conventuali.
48 S. Rocco Parrocchia.
49 Oratorio di S. Paolo, Monte di Pietà.
50 S. Maria di Piazza, Parrocchia.
51 S. Solutore, PP. Gesuiti.
52 La Misericordia.
53 S. Dalmazzo, PP. Barnabiti.
54 B. Amedeo, PP. Carmel.
55 Le Pervacchine.
56 Ospedale Militare di Fanteria.
57 Quartieri di Fanteria.
58 Condotto dell'acqua nella Città.
59 SS. Sudario. Ospedale de' Pazzarelli.
60 La Consolata. Cisterciensi Rif.
61 S. Chiara. Francescane Scalze.
62 Sant'Agostino, PP. Agostiniani.
63 L'Annunziata, Conservatorio.
64 Real-Senato. Camera de' Conti.
65 S. Domenico PP. Predicatore.
66 La Torre. Contrada di Dora grossa.
67 Corpus Domini.
68 Spirito Santo.
69 Seminario.
70 Ospedale de' Cavalieri di S. Maurizio.
71 SS. Maurizio, e Lazzaro Basilica Maggiore.
72 Le Torri, Carceri del Vicariato.
Longueur du Pied de Paris divisé en 12 Pouces.
Echelle de 2000 Toises de Paris.
200   400   600   800   1000 Toises.
Citadella.
Palazzo Reale.
Piazza Castello.
Piazza Duomo.
Contrada di Po.
Piazza Carlina.
Piazza S. Carlo.
Nord.

PLAN DE MILAN.

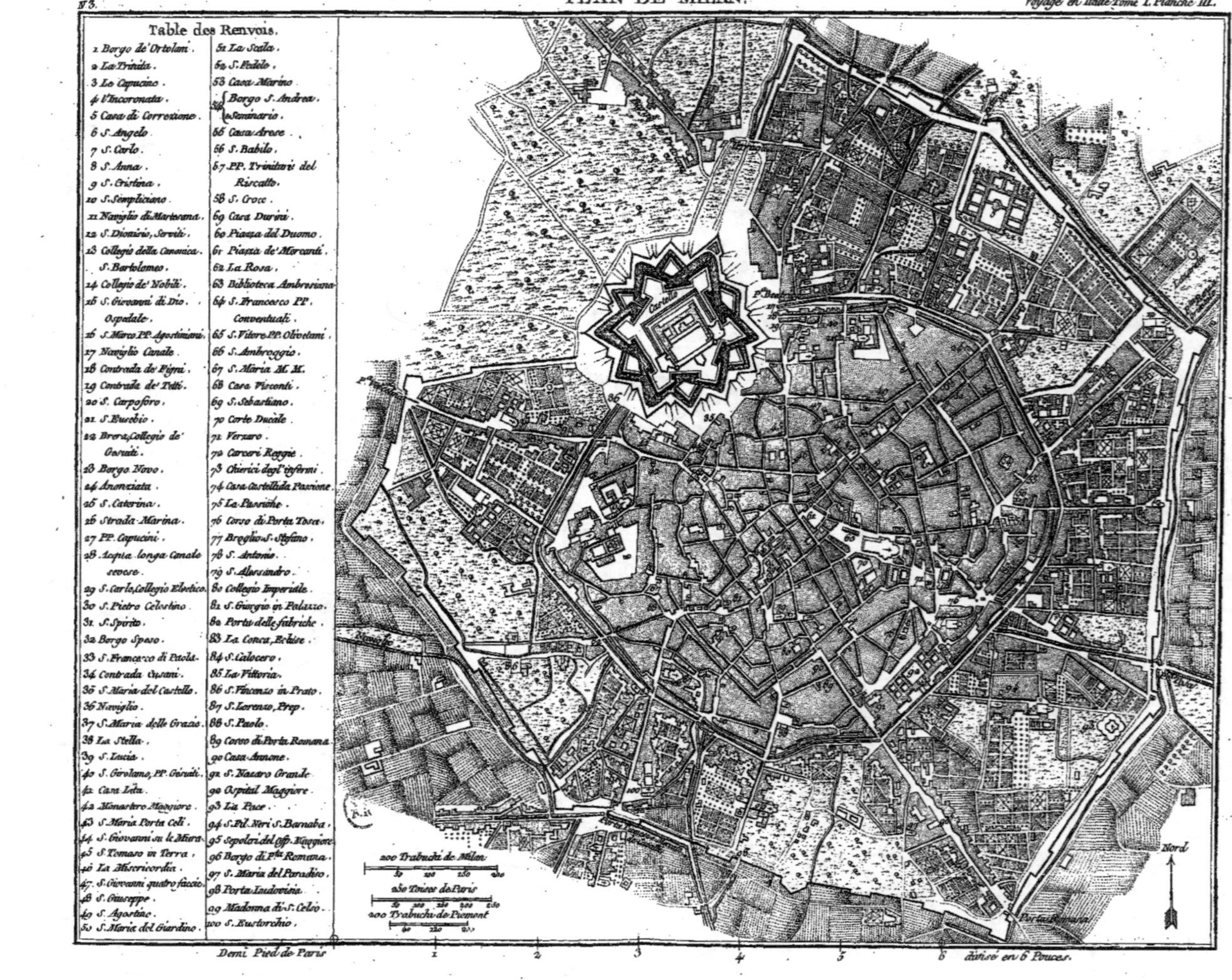

Table des Renvois.

1	Borgo de' Ortolani.	51	La Scala.
2	La Trinita.	52	S. Fedele.
3	Lo Capucino.	53	Casa Marino.
4	l'Incoronata.	54	Borgo S. Andrea. Seminario.
5	Casa di Correzione.	55	Casa Arese.
6	S. Angelo.	56	S. Babila.
7	S. Carlo.	57	PP. Trinitari del Riscatto.
8	S. Anna.	58	S. Croce.
9	S. Cristina.	59	Casa Durini.
10	S. Simpliciano.	60	Piazza del Duomo.
11	Naviglio di Martesana.	61	Piazza de' Mercanti.
12	S. Dionisio, Serviti.	62	La Rosa.
13	Collegio della Canonica. S. Bartolomeo.	63	Biblioteca Ambrosiana.
14	Collegio de' Nobili.	64	S. Francesco PP. Conventuali.
15	S. Giovanni di Dio. Ospedale.	65	S. Vitore PP. Olivetani.
16	S. Marco PP. Agostiniani.	66	S. Ambroggio.
17	Naviglio Canale.	67	S. Maria M. M.
18	Contrada de' Figini.	68	Casa Visconti.
19	Contrada de' Tetti.	69	S. Sebastiano.
20	S. Carpoforo.	70	Corte Ducale.
21	S. Eusebio.	71	Verzaro.
22	Brera, Collegio de' Gesuiti.	72	Carceri Reggie.
23	Borgo Novo.	73	Chierici degl'infermi.
24	Anonziata.	74	Casa Castella da Passione.
25	S. Caterina.	75	La Passione.
26	Strada Marina.	76	Corso di Porta Tosa.
27	PP. Capucini.	77	Broglio S. Stefano.
28	Acqua longa Canale severe.	78	S. Antonio.
29	S. Carlo, Collegio Elvetico.	79	S. Alessandro.
30	S. Pietro Celestino.	80	Collegio Imperiale.
31	S. Spirito.	81	S. Giorgio in Palazzo.
32	Borgo Speso.	82	Porta delle fabriche.
33	S. Francesco di Paola.	83	La Conca, Eclise.
34	Contrada Cusani.	84	S. Calocero.
35	S. Maria del Castello.	85	La Vittoria.
36	Naviglio.	86	S. Vincenzo in Prato.
37	S. Maria delle Grazie.	87	S. Lorenzo, Prep.
38	La Stella.	88	S. Paolo.
39	S. Lucia.	89	Corso di Porta Romana.
40	S. Girolamo, PP. Gesuiti.	90	Casa Annone.
41	Casa Litta.	91	S. Nazaro Grande.
42	Monastero Maggiore.	92	Ospital Maggiore.
43	S. Maria Porta Celi.	93	La Pace.
44	S. Giovanni su le Mura.	94	S. Fil. Neri S. Barnaba.
45	S. Tomaso in Terra.	95	Sepolcri del Osp. Maggiore.
46	La Misericordia.	96	Borgo di P.ta Romana.
47	S. Giovanni quatro faccie.	97	S. Maria del Paradiso.
48	S. Giuseppe.	98	Porta Ludovisia.
49	S. Agostino.	99	Madonna di S. Celso.
50	S. Maria del Giardino.	100	S. Eustorchio.

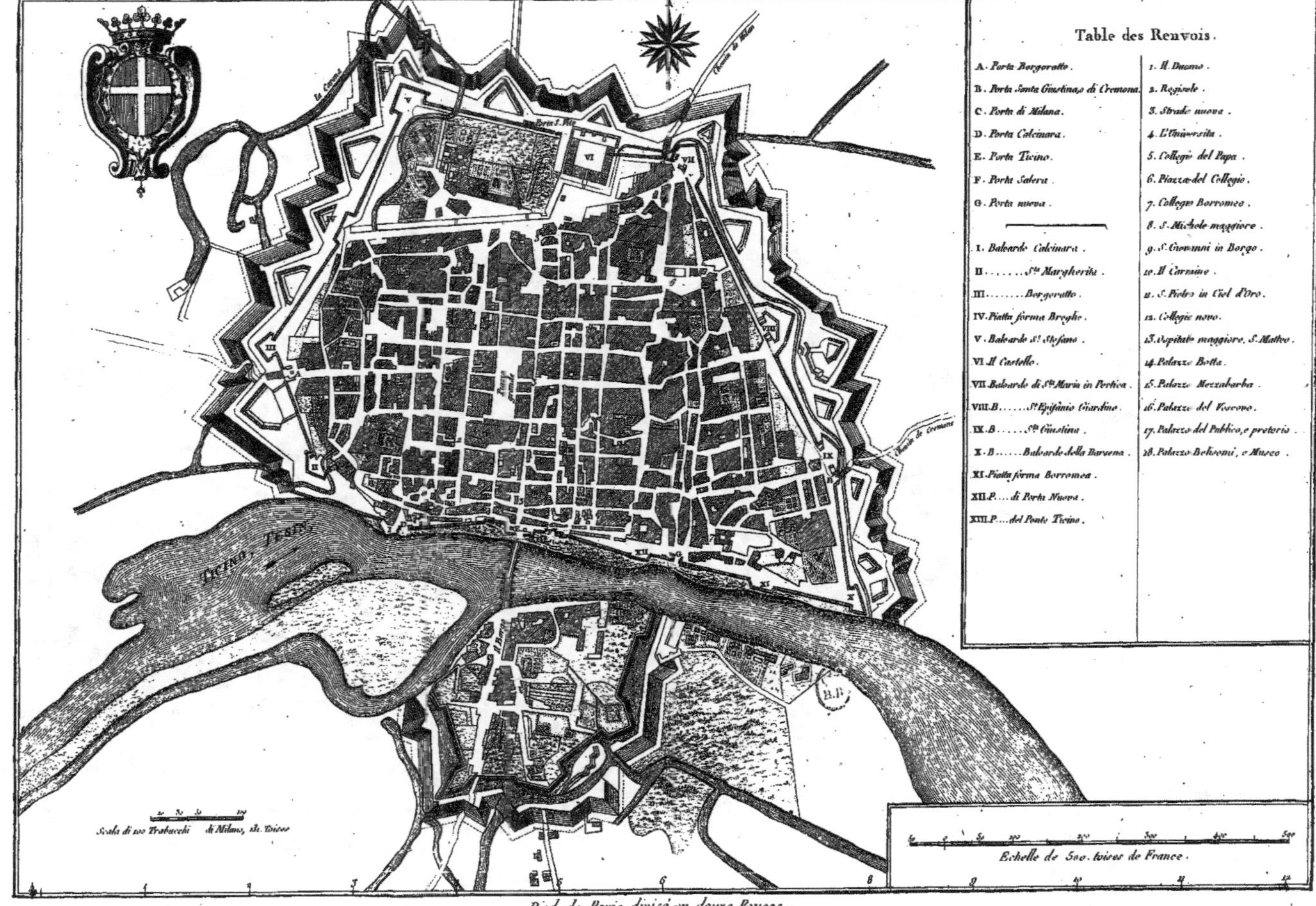
Table des Renvois.

A. Porta Borgoratto.
B. Porta Santa Giustina, o di Cremona.
C. Porta di Milano.
D. Porta Calcinara.
E. Porta Ticino.
F. Porta Salera.
G. Porta nuova.

I. Baloardo Calcinara.
II .... S.ta Margherita.
III .... Borgoratto.
IV. Piatta forma Broglio.
V. Baloardo S.t Stefano.
VI. Il Castello.
VII. Baloardo di S.ta Maria in Pertica.
VIII. B ...... S.t Epifanio Giardino.
IX. B ...... S.ta Giustina.
X. B ...... Baloardo della Barona.
XI. Piatta forma Borromea.
XII. P .... di Porta Nuova.
XIII. P .... del Ponte Ticino.

1. Il Duomo.
2. Regisole.
3. Strade nuova.
4. L'Università.
5. Collegio del Papa.
6. Piazza del Collegio.
7. Collegio Borromeo.
8. S. Michele maggiore.
9. S. Giovanni in Borgo.
10. Il Carmine.
11. S. Pietro in Ciel d'Oro.
12. Collegio novo.
13. Ospitale maggiore, S. Matteo.
14. Palazzo Botta.
15. Palazzo Mezzabarba.
16. Palazzo del Vescovo.
17. Palazzo del Publico, e pretorio.
18. Palazzo Belcredi, e Museo.

Scala di 100 Trabucchi di Milano, di Tavoo.
Echelle de 500 toises de France.
Pied de Paris divisé en douze Pouces.

Table des Renvois.

1. S. Salvadore.		66. Crocifisso della Penitenza.
2. S. Marco.		67. S. Rocco.
3. S. Pietro.		68. S. Domenico
4. Porta del Po.		69. Contrada del Corvo.
5. Le Giuseppine.		70. Contrada del Prato.
6. Teatro.		71. Contrada S. Gallo.
7. S. Pantaleone.		72. S. Faxio.
8. S. Romano.		73. S. Leonardo.
9. S. Geroldo.		74. Mad. del Contado.
10. S. Angelo.		75. S. Silvestro.
11. S. Bartolomeo.		76. Pal. Raimondi.
12. Missionari.		77. Cristo della Providenza.
13. Soccorso.		78. S. Gallo.
14. L'Annunciata.		79. S. Giuseppe.
15. S. Erasmo.		80. S. Prospero
16. S. Marta.		81. S. Gervasio.
17. S. Giorgio.		82. Beccheria grande.
18. Le Orsoline.		83. P. Crotti.
19. P. Pallavicini.		84. S. Agata.
20. S. Carlo.		85. Il Cistello.
21. S.ta Monica.		86. S. Barnaba.
22. Gli Scalzi.		87. Contrada del Forcello.
23. S. Donato.		88. Filippini.
24. S. Girolamo.		89. S. Cecilia.
25. S. Soffia.		90. La Trinita.
26. S. Marcellino		91. S. Lorenzo.
27. P. Ali.		92. P. Freganeschi.
28. S. Cristoforo.		93. Valverde.
29. S. Omobono.		94. S. Tomaso.
30. Nome di Maria.		95. S. Antonio.
31. S. Paolo.		96. Cont. di Confetteria.
32. S. Chiara.		97. S. Caterina.
33. S. Bassano		98. S. Mattia.
34. C. della Montata.		99. S. Andrea.
35. Scala de' Lupi.		100. S. Barbara.
36. S. Nicolo.		101. Ospital grande.
37. P. Dati.		102. Pal. Maggi.
38. S. Agostino.		103. Pal. Stanga.
39. S. Benedetto.		104. P. Rossi.
40. La Pace.		105. Porta Margherita.
41. Gabella Grossa.		106. l'Incoronata.
42. Palazzo della Citta.		107. P. Manfredi.
43. S. Giov. nuovo.		108. Palazzo Crivelli.
44. P. Schinchinelli.		109. P. Lodi.
45. Corpus Domini.		110. S. Sepolcro.
46. S. Alessio Osped.		111. S. Marta.
47. Piazza del Castello.		112. S. Vincenzo
48. Castello.		113. S. Luca.
49. Porta Mosa.		114. Porta S. Luca.
50. S. Maddalena.		115. S. Giov. Vecchio.
51. Contrada Gonzaga.		116. C. Fava grossa.
52. Battistero.		117. P. Offredi.
53. S. Croce		118. Fopone.
54. S. Matteo.		119. S. Francesco.
55. S. Faustino.		120. S. Quirico.
56. S. Elena.		121. S. Michele
57. S. Margueritta.		122. S. Fr. di Paola.
58. S. Ilario.		123. S. Nazaro.
59. S. Apollinare.		124. S. Abondio.
60. S. Maria in Betleme.		125. Le Scalze.
61. Il Duomo.		126. S. Vittore.
62. Torrazzo.		127. P. d'Ogni Santi.
63. Beccharie Vecchie.		128. S. Anna.
64. P. Stanga.		129. S. M. Stella.
65. S. Eligio.		130. La Seriola, Cremonella.

Echelle de mille Toises de France qui font 4030. bras de Crémone, à raison de 17. Pouces 10. lignes et 2/3

Pied de Paris divisé en douze Pouces.

Panni Archit. Verdelli Sogno. 177

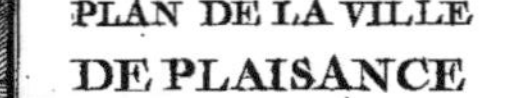

PLAN DE LA VILLE DE PLAISANCE

B......Signifie Bastione
Ch.....Signifie Chiesa ou Eglise
P.......Signifie Parochia ou Paroisse
P.P.....Signifie Padri ou Peres
M.....Signifie Monache ou Religieuses.
Or.....Signifie Oratorio

1 Parochia di S. Salvatore
2 Or. di S. Maria Madoli
3 P.P. di S.ta Maria Loreto
4 M. di S.ta Maria del.a Neve
5 P.P. di S.ta Anna
6 M. Teresiane
7 M. Cappucine
8 Parochia di S. Paolo
9 M. della Concezione
10 Par. e P.P. di S. Savino
11 Chiesa di S. Ambroggio
12 Oratorio del Filatojo
13 M. Benedettine
14 P.P. di S. Lorenzo
15 Parochia di S. Eustachio
16 Or. di S.ta M.a dell'Angioli
17 Orato. di San Rocco
18 Piazza del Duomo
19 Cattedrale, Duomo
20 Putte Preservate
21 P.P. Cappucini
22 M. di S. Bartolomeo
23 Le Convertite
24 Par. e P.P. di S. Stefano
25 M. della Pace
26 P.P. di S. Vicenzo
27 Basilica di S. Antonino
28 Or. di S. M.a Cortina
29 P. di S. Martino Inburgo
30 Ch. di S. Giorgio Sopramuro
31 Par. di S. Michele
32 Par. di S. Appollonio
33 Paroc. di S. Giuliano
34 P.P. di S. Pietro
35 P. di S. Martino in foro
36 Le Retirate
37 Or. di S. Cristoforo
38 Or. della Morte
39 P.P. di S. Fran.co di Paola
40 P. di S. M.a in Sufredo
41 P. di S. M.a de' Pagani
42 P. di S. M.a in Galiverto
43 Luogo della Fiera
44 R. D. Palazzo detto Cittadella
45 Piazza della Cittadella
46 Oratorio di S. Agnese
47 Or. di S. Filippo Neri
48 Paroc. di S. Fermo
49 Par. di S. Dalmazio
50 P.P. della Madona di Piazza
51 Par. di S. Gervaso
52 Par. di S. Protaso
53 P.P. di S. Francesco grande
54 Piazza de' Cavalli
55 P. di S. S. Faustino e Giovita
56 Par. di S. Donino
57 Par. di S. Illario
58 Par. di S. Alessandro

59 M. di San Siro
60 P.P. di Sant'Agostino
61 M. di S.ta Franca
62 P.P. di Santa Teresa
63 M. di S. Raimondo
64 M. di Santa Chiara
65 M. di S. Maria Madalena
66 P. e P.P. di S. Gio in Canale
67 Par. P.P. di S. Brigida
68 Paroch. di S. Uldarico
69 Par. di S. M.a Ceriola
70 Parochia di S. Giorgio
71 P. di S. S. Giacomo e Filippo
72 Oratorio di S. Simone
73 Parochia di S. Agata
74 Par. e P.P. di S. Eufemia
75 P.P. della B. V. del Carmine
76 P.P. di S. Sisto
77 P. di S. M. di Borghetto
78 Paroch. di S. Tomaso
79 Paroch. di S. Nicolo
80 Mon. di S. Girolamo
81 P.P. di S. Margherita
82 M. dello Spirito Santo
83 Par. di S. Andrea
84 M. della Annunciata
85 Parochia di S. Matteo
86 M. di S. Bernardo
87 P. di S. Giacomo Maggiore
88 Or. di S. Giacomo Minore
89 M. di Valverde
90 P. di S. Nazaro e Celso
91 Orat. di S. Macario
92 P. e P.P. di S. Sepolcro
93 Par. di S. Giuseppe
94 Ospitale
95 P.P. della B. V. di Campagna
96 Porta e Bast. di S. Antonio
97 Bast. Campagna
98 Porta e Bast. Borghetto
99 Bast. Borghetto S. Sisto
100 P.ta Morta e Bast. Podesta
101 Bast. S. Ambroggio
102 Porta e Bast. S. Lazaro
103 Bast. S. Salvatore
104 Bast. Carniana
105 Bast. S. Agostino
106 Bast. S. Raimondo
107 P.ta e B. S. Raimondo verso il Castello
108 Bast. S. Barbara
109 Bast. S. Giovanni
110 Bast. La Trinita
111 Porta del Soccorso
112 Bast. S. Giacomo
113 Bast. S. Giorgio
114 P.ta Principale del Castello
115 Ch. del Castello Parochia
116 P.P. di S. Bartolomeo

Pied de Paris divisé en 12 Pouces.

1 Bastione S. Gabriele.
2 Bast. S. Francesco.
3 Porta di S. Francesco.
4 Bast. S. Domenico.
5 M. di S. Domenico.
6 P.P. Carmelitani Scalzi.
7 Parochia d'Ogni Santi.
8 M. Agostiniane.
9 P.P. Capucini.
10 M. di S.ª Caterina.
11 Confrat.ª dello Spirito S.to
12 Ospitale degl'incurabili.
13 Parochia di S.ª Cecilia.
14 P. Min. Osservanti.
15 Confrat. di S. Giov. Batista.
16 Chiesa di S. Giuseppe.
17 M. Cisterciensi.
18 P.P. del Quartiere.
19 Bast. Castel Piombino.
20 Bast. e Porta S.ta Croce.
21 Bastione de' Fiori.
22 Conf.ª di S.ª Croce.
23 P.P. Minimi.
24 Parochia di S.ª Maria.
25 Orat.º di S. Nicodemo.
26 Ospit.º degl'Infermi.
27 Conf.ª della B.V. del Fiore.
28 Paroch.ª di S. Giacomo.
29 Paroch.ª di S. Spirito.
30 Conf.ª della B.T. delle Grazie.
31 M. Carmelitane Salze.
32 R. Palazzo del Giardino.
33 R. Giardino.
34 Bast.e dell'Aquila.
35 Ponte della Rochetta.
36 Ponte di Mezzo.
37 Ponte di Caprazucca.
38 M. Capucine Nuove.
39 M. di S. Uldarico.
40 M. Teatine.
41 M. di San Salvatore.
42 M. di San Quintino.
43 Paroc.ª di S. Silvestro.
44 Orat.º di S. Lorenzo.
45 Paroc.ª di S. Appollinare.
46 S. Vitale Collegiata.
47 Piazza principale.
48 Paroc.ª di Sant'Andrea.
49 M. Convertite di S. Tiburzio.
50 Chiesa di S. Rocco, Università de' Studj.
51 Orat.º di S. Filippo Neri.
52 S. Marcellino.
53 Paroc.ª di S. Tomaso.
54 R. Collegio de' Nobili.
55 P.P. Carmelitani.
56 Confrat. di S. Quirino.
57 Orat.º e conservat. di S. Carlo.
58 Giarra, Mercato de'Bortiani.
59 Paroc.ª di S. Bartolomeo.
60 M. di S. Alessandro.
61 La Steccata.
62 Piazza d'avanti al Real Palazzo.
63 R.D. Palazzo.
64 P.P. Domenicani.
65 Piazza della Pilotta.
66 Teatro grande, Academia delle belle Arti.
67 Beveratora Per le R. Scuderie.
68 S. Trinita.
69 S. Barnaba, Parochia.
70 Bast. di S. Barnaba.
71 Porta di S. Barnaba.
72 Bast. della Trinita.
73 Paroc. della Trinita.
74 M. Bened.e di S. Paolo.
75 Oratorio di S.ª Lucia.
76 Battistero.
77 Palazzo Vescovile.
78 Duomo.
79 Paroc.ª di S. Nicolo.
80 M. di S.ª Elisabetta.
81 P.P. Min. Conv. di S. Franc.co
82 P.P. Benedettini, di S. Giovanni.
83 Bast. di S. Francesco.
84 La Pace, Confraternita.
85 S. Benedetto, Par. Consero.
86 Bast.º di S. Benedetto.
87 Bast.e di S. Girolamo.
88 Bast.e Porta di S. Michele.
89 Paroc.ª di S. Michele.
90 P.P. di San Sepolcro.
91 M. di S.ª Maria Madalena.
92 Chiesa, e confrat.º di S. Anton.º
93 M. Cappucine.
94 M. Francescane delle Grazie.
95 P.P. Agostiniani.
96 Conservat.º delle Bagnone.
97 P.P. Franciscani Riformati.
98 M. di S. Cristoforo.
99 Stradone.
100 Porta Nuova.
101 Porta principale del Castello.
102 Bastione S.ª Maria.
103 Bastione S. Alessandro.
104 Porta del Soccorso.
105 Bastione S. Pietro.
106 Bastione S. Francesco.
107 Bastione S. Giovanni.

Nord

Cittadella

Piazza d'Armi

TERRA NUOVA

Giardino

Prato

Porta S. Agostino

Porta Bologna

1. Palazzo Ducale.
   e Piazza del Palazzo.
2. Monache Salesiane.
3. Filatoglio.
4. Canale Naviglio.
5. S. Orsola Monache.
6. S. Maria Madalena Monache.
7. P.P. Capucini.
8. Marchese Ugo Molza.
9. Marchese Carandini.
10. P.P. Scalzi.
    Contrada de' Scalzi.
11. S. Marco Monache.
12. Monache della Madona.
13. P.P. de S. Domenico.
14. S. Giorgio.
15. Filatoglio.
16. Ghetto Ebrei.
17. S. Maria del Voto della Chiesa Nuova.
18. S. Michele.
19. Grand Ospitale.
20. Conte Tassoni.
21. Conte Ronchi.
22. Conte Moreni.
23. S. Rocco.
24. Molino.
25. S. Agata.
26. S. Maria Pomposa.
27. Opera Pia generale de Poveri.
28. S. Biagio.
29. Canoniche.
30. Torre Maggiore.
31. Cattedrale.
32. Monte Publico di Pieta.
33. Palazzo di Giustizia.
34. Università.
    Castellaro.
35. S. Geminiano Monache.
36. Corpus Domini Monache.
37. S. Paolo Monache.
38. P.P. di S. Francesco.
39. Molino.
40. Concia delle Pelli.
41. P.P. delle Grazie.
42. S. Bernardino Canonici Regolari.
43. S. Agostino P.P. Scolopi.
44. S. Eufemia Monache.
45. Palazzo Vescovile.
46. Conte Stoffa.
47. S. Bartolomeo P.P. Gesuiti.
48. P.P. de Serpi.
    Contrada del Canal Chiaro.
49. SS. Filippo, e Giacomo.
50. S. Bernaba P.P. Alquini.
51. S. Chiara Monache.
52. Teatro Rangoni.
53. S. Carlo, e Collegio de Nobili.
54. Molino.
55. Fabrica de' Panni.
56. S. Pietro Monachi Cassinensi.
57. S. Maria P.P. di S. Agostino.
58. Palazzo Principe Foresto.
59. Auberge.
60. P.P. del Carmine.
61. S. Teresa Monache Scalze.
62. S. Giov. Batta. Commenda.
63. Magistrato degl'Alloggi.
64. S. Margherita P.P. Osservanti.
    Canal grande.
65. S. Vicenzo P.P. Teatini.
66. Marchese Filippo Rangoni.
67. Conte Sassi.
68. Conte Coddibue.
69. Ducale Dogana, e Posta.
70. Marchese Montecucoli.
71. Marchese Bonifacio Ragoni.
72. Marchese Gius. Montecucoli.
73. Conte Sartori.
74. Conte Forni.
75. Marchese Livizzani.
76. Conte Sorra.
77. Conte Sabattini.
78. Conte Cari.
79. Conte Boschetti.
80. Conte di Marciano.
81. Marchese Frosini.
82. Marchese Fontanelli.
83. Scuderia Ducale.
84. Cavalerizza Ducale.
85. Marchese Molza.
86. Marchese Galiani.
87. Conte Magnani.
88. Marchese Pio.

a....a Contrada de' Scalzi.
b....b Canal Grande.
c....c Castellaro.
d....d Contrada del Canal chiaro.

200 200 300 400 500 Toises de Paris.
200 200 500 Perches de Modene.

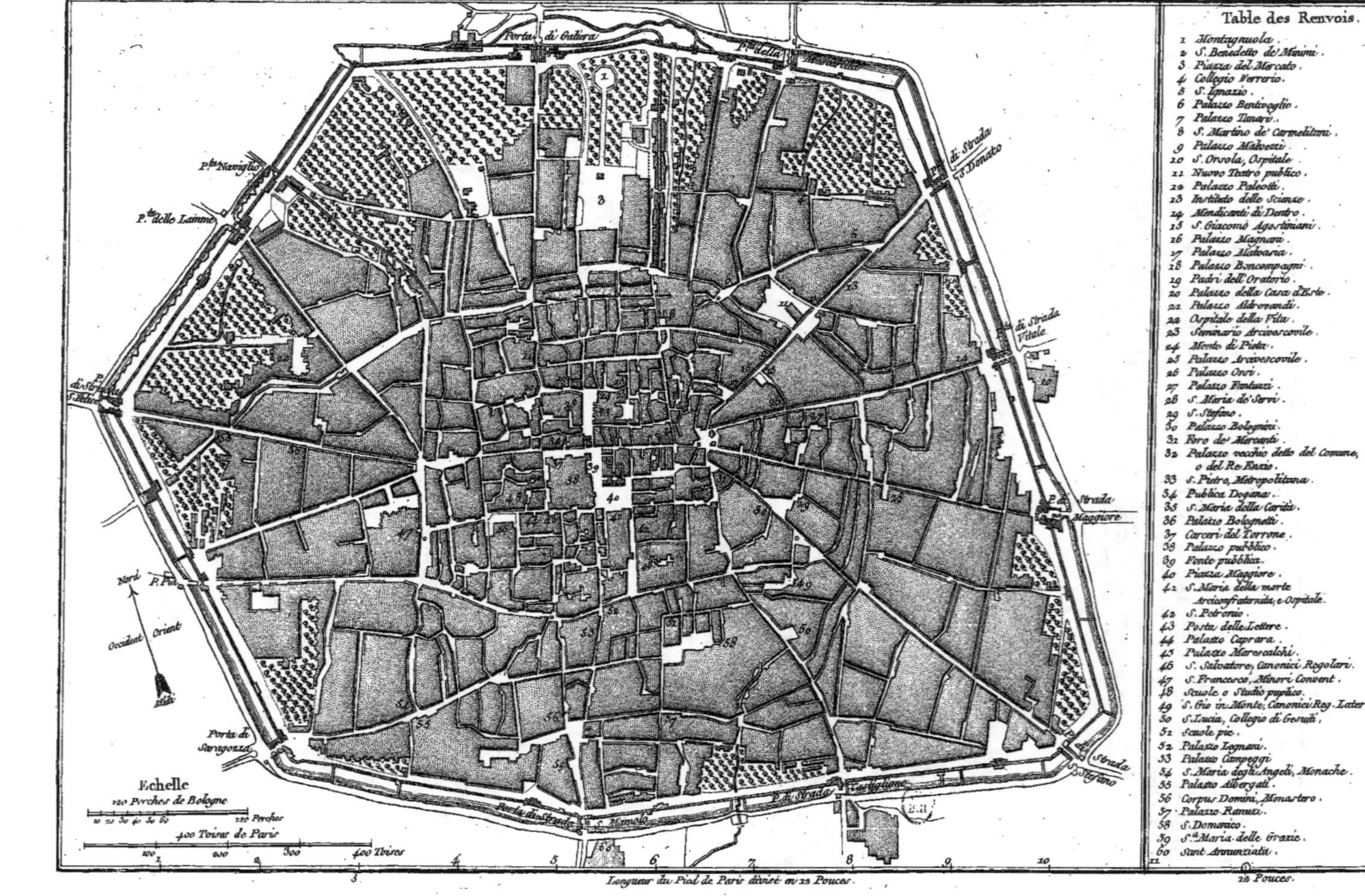

IV. 9.
Voyage en Italie Tome II. Pl. 6.

Table des Renvois.

1 Montagnuola.
2 S. Benedetto de' Minimi.
3 Piazza del Mercato.
4 Collegio Ferrerio.
5 S. Ignazio.
6 Palazzo Bentivoglio.
7 Palazzo Tanari.
8 S. Martino de' Carmelitani.
9 Palazzo Malvezzi.
10 S. Orsola, Ospitale.
11 Nuovo Teatro publico.
12 Palazzo Paleotti.
13 Instituto delle Scienze.
14 Mendicanti di Dentro.
15 S. Giacomo Agostiniani.
16 Palazzo Magnani.
17 Palazzo Malvasia.
18 Palazzo Boncompagni.
19 Padri dell'Oratorio.
20 Palazzo della Casa d'Este.
21 Palazzo Aldrovandi.
22 Ospitale della Vita.
23 Seminario Arcivescovile.
24 Monte di Pietà.
25 Palazzo Arcivescovile.
26 Palazzo Orsi.
27 Palazzo Fantuzzi.
28 S. Maria de' Servi.
29 S. Stefano.
30 Palazzo Bolognini.
31 Foro de' Mercanti.
32 Palazzo vecchio detto del Comune,
      o del Re Enzio.
33 S. Pietro, Metropolitana.
34 Publica Dogana.
35 S. Maria della Carità.
36 Palazzo Bolognetti.
37 Carceri del Torrone.
38 Palazzo pubblico.
39 Fonte pubblica.
40 Piazza Maggiore.
41 S. Maria della morte
      Arciconfraternita, e Ospitale.
42 S. Petronio.
43 Posta delle Lettere.
44 Palazzo Caprara.
45 Palazzo Marescalchi.
46 S. Salvatore, Canonici Regolari.
47 S. Francesco, Minori Convent.
48 Scuole o Studio puplico.
49 S. Gio in Monte, Canonici Reg. Later.
50 S. Lucia, Collegio di Gesuiti.
51 Scuole pie.
52 Palazzo Legnani.
53 Palazzo Campeggi.
54 S. Maria degli Angeli, Monache.
55 Palazzo Albergati.
56 Corpus Domini, Monastero.
57 Palazzo Ranuzi.
58 S. Domenico.
59 S.a Maria delle Grazie.
60 Sant Annunziata.

Porta di Galiera
P.ta della
P.ta Naviglio
P.ta delle Lamme
P. di Strada S. Felice
P.ta Pia
Porta di Saragozza
Porta di Strada S. Mamolo
P. di Strada Castiglione
di Strada S. Donato
di Strada Vitale
P. di Strada Maggiore
di Strada S. Stefano

Nord
Occident Orient
Midi

Echelle
120 Perches de Bologne
10 20 30 40 50 60   120 Perches
400 Toises de Paris
100 200 300 400 Toises

Longueur du Pied de Paris divisé en 12 Pouces.
12 Pouces.

Table des Renvois.

1 Porta San Gallo.
2 Via San Gallo.
3 Abbandonati.
4 Porta al Prato.
5 Giardino Corsini.
6 Via della Scala.
7 Piazza S. Antonio.
8 Via Vangelista.
9 S. Marco.
10 Via Larga.
11 Via del Cocomero.
12 Giardino de' Simplici.
13 Porta a Pinti.
14 Borgo de' Pinti.
15 Via della Pergola.
16 Annunziata.
17 Via S. Bastiano.
18 Via de' Servi.
19 Palazzo Ricardi.
20 Piazza di S. Lorenzo.
21 Capella di S. Lorenzo.
22 Casa Viviani.
23 Palazzuolo.
24 Piazza d'Ogni Santi.
25 Piazza di S. Maria Novella.
26 Centauro.
27 Sta Maria Maggiore.
28 S. Giovanni.
29 Sta Maria Nuova.
30 Teatro.
31 Sa Maria Maddalena.
32 Via de' Pilastri.
33 Piazza S. Ambrogio.

34 Borgo la Croce.
35 Porta la Croce.
36 S. Pietro.
37 Corso.
38 Via dello Studio.
39 Mercato Vecchio.
40 Palazzo Strozzi.
41 Palazzo Corsini.
42 Ponte alla Carraia.
43 Borgo S. Friano.
44 Tiratoio dell'Uccellatoio.
45 Porta S. Friano.
46 Conventino.
47 Carmine.
48 Via Chiara.
49 Ponte S. Trinita.
50 Sa Trinita.
51 Mercato Nuovo.
52 Or. S. Michele.
53 Casa di Bocaccio.
54 Casa Buonarotti.
55 Via Ghibellina.
56 Piazza della Ghiozza.
57 Sta Croce.
58 Piazza di Sta Croce.
59 Piazza d'Arno.
60 Palazzo Vecchio.
61 S. Stefano.
62 Ponte Vecchio.
63 Via de' Guicciardini.
64 Via Maggio.
65 S. Spirito.
66 Via Romana.
67 Palazzo Pitti.
68 Arsenale.
69 Via de' Bardi.
70 Ponte Rubaconte.
71 Porta S. Nicolo.
72 Portaccio.
73 Porta S. Miniato.
74 Porta S. Giorgio.
75 Belvedere.
76 Giardino Boboli.
77 Isola.
78 Porta di Roma.
79 La Pace.

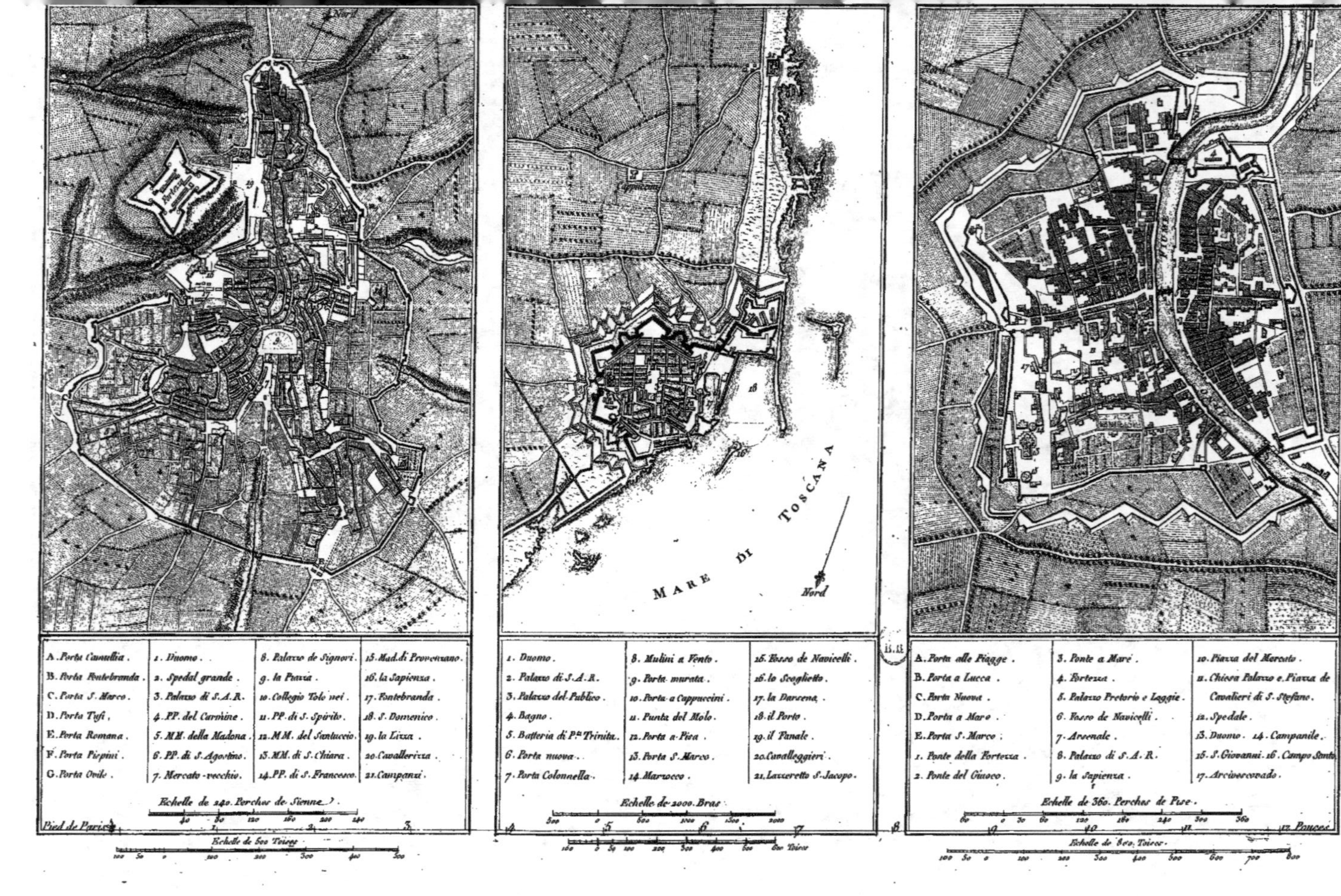

A. Porta Camullia.
B. Porta Fontebranda.
C. Porta S. Marco.
D. Porta Tufi.
E. Porta Romana.
F. Porta Piepini.
G. Porta Ovile.
1. Duomo.
2. Spedal grande.
3. Palazzo di S. A. R.
4. PP. del Carmine.
5. MM. della Madona.
6. PP. di S. Agostino.
7. Mercato-vecchio.
8. Palazzo de Signori.
9. la Piazza.
10. Collegio Tolonei.
11. PP. di S. Spirito.
12. MM. del Santuccio.
13. MM. di S. Chiara.
14. PP. di S. Francesco.
15. Mad. di Provenzano.
16. la Sapienza.
17. Fontebranda.
18. S. Domenico.
19. la Lizza.
20. Cavalleriza.
21. Campanzi.
Echelle de 240. Perches de Sienne.
40   80   120   160   200   240
Pied de Paris.   1   2   3
Echelle de 500 Toises.
100 50   0   100   200   300   400   500

MARE DI TOSCANA
Nord
1. Duomo.
2. Palazzo di S. A. R.
3. Palazzo del Publico.
4. Bagno.
5. Batteria di P.ª Trinita.
6. Porta nuova.
7. Porta Colonnella.
8. Mulini a Vento.
9. Porta murata.
10. Porta a Cappuccini.
11. Punta del Molo.
12. Porta a Pisa.
13. Porta S. Marco.
14. Marzocco.
15. Fosso de Navicelli.
16. lo Scoglietto.
17. la Darsena.
18. il Porto.
19. il Fanale.
20. Cavalleggieri.
21. Lazzeretto S. Jacopo.
Echelle de 2000. Bras.
500   0   500   1000   1500   2000
4   5   6   7   8
100 0 50 100 200 300 400 500 600 Toises

A. Porta alle Piagge.
B. Porta a Lucca.
C. Porta Nuova.
D. Porta a Mare.
E. Porta S. Marco.
1. Ponte della Fortezza.
2. Ponte del Giuoco.
3. Ponte a Mare.
4. Fortezza.
5. Palazzo Pretorio e Loggie.
6. Fosso de Navicelli.
7. Arsenale.
8. Palazzo di S. A. R.
9. la Sapienza.
10. Piazza del Mercato.
11. Chiesa Palazzo e Piazza de Cavalieri di S. Stefano.
12. Spedale.
13. Duomo. 14. Campanile.
15. S. Giovanni. 16. Campo Santo.
17. Arcivescovado.
Echelle de 360. Perches de Pise.
60   0   30   60   120   180   240   300   360
9   10   11   12 Pouces
Echelle de 800. Toises.

PLAN DE LUCQUES.

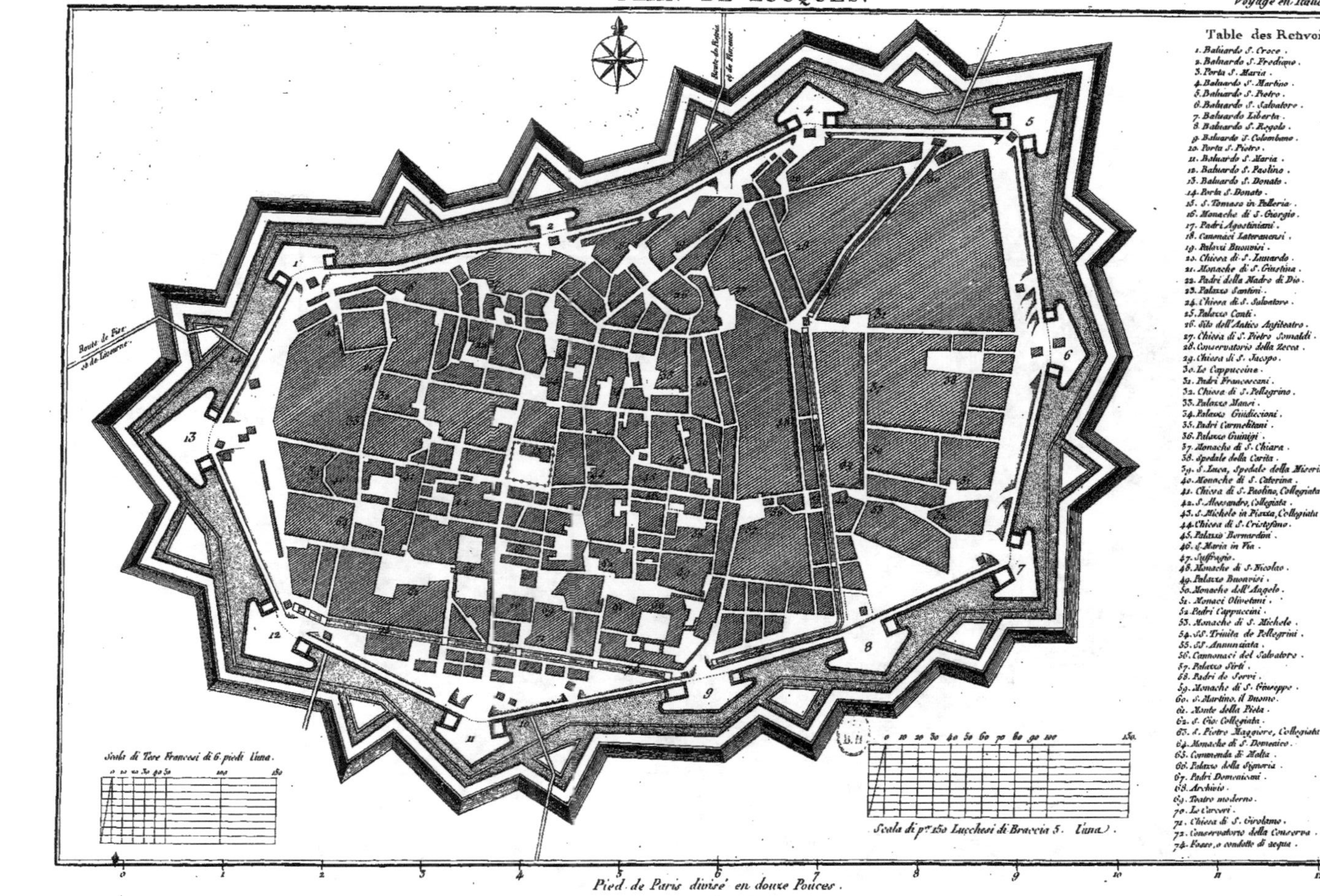

Table des Renvois.

1. Baluardo S. Croce.
2. Baluardo S. Frediano.
3. Porta S. Maria.
4. Baluardo S. Martino.
5. Baluardo S. Pietro.
6. Baluardo S. Salvatore.
7. Baluardo Libertà.
8. Baluardo S. Regolo.
9. Baluardo S. Colombano.
10. Porta S. Pietro.
11. Baluardo S. Maria.
12. Baluardo S. Paolino.
13. Baluardo S. Donato.
14. Porta S. Donato.
15. S. Tomaso in Pelleria.
16. Monache di S. Giorgio.
17. Padri Agostiniani.
18. Canonaci Lateranensi.
19. Palazzi Buonvisi.
20. Chiesa di S. Lunardo.
21. Monache di S. Giustina.
22. Padri della Madre di Dio.
23. Palazzo Santini.
24. Chiesa di S. Salvatore.
25. Palazzo Conti.
26. Sito dell'Antico Anfiteatro.
27. Chiesa di S. Pietro Somaldi.
28. Conservatorio della Zecca.
29. Chiesa di S. Jacopo.
30. Le Cappuccine.
31. Padri Francescani.
32. Chiesa di S. Pellegrino.
33. Palazzo Mansi.
34. Palazzo Giudiccioni.
35. Padri Carmelitani.
36. Palazzo Guinigi.
37. Monache di S. Chiara.
38. Spedale della Carità.
39. S. Luca, Spedale della Miseric.
40. Monache di S. Caterina.
41. Chiesa di S. Paolino, Collegiata.
42. S. Alessandro, Collegiata.
43. S. Michele in Piazza, Collegiata.
44. Chiesa di S. Cristofano.
45. Palazzo Bernardini.
46. S. Maria in Via.
47. Suffragio.
48. Monache di S. Nicolao.
49. Palazzo Buonvisi.
50. Monache dell'Angelo.
51. Monaci Olivetani.
52. Padri Cappuccini.
53. Monache di S. Michele.
54. SS. Trinità de Pellegrini.
55. SS. Annunziata.
56. Cannonaci del Salvatore.
57. Palazzo Sirti.
58. Padri de Servi.
59. Monache di S. Giuseppe.
60. S. Martino, il Duomo.
61. Monte della Pietà.
62. S. Gio. Collegiata.
63. S. Pietro Maggiore, Collegiata.
64. Monache di S. Domenico.
65. Commenda di Malta.
66. Palazzo della Signoria.
67. Padri Domenicani.
68. Archivio.
69. Teatro moderno.
70. Le Carceri.
71. Chiesa di S. Girolamo.
72. Conservatorio della Conserva.
73. Conservatorio della Conserva.
74. Fosso, o condotto di acqua.

Vue de St. Pierre de Rome et du Palais du Vatican.

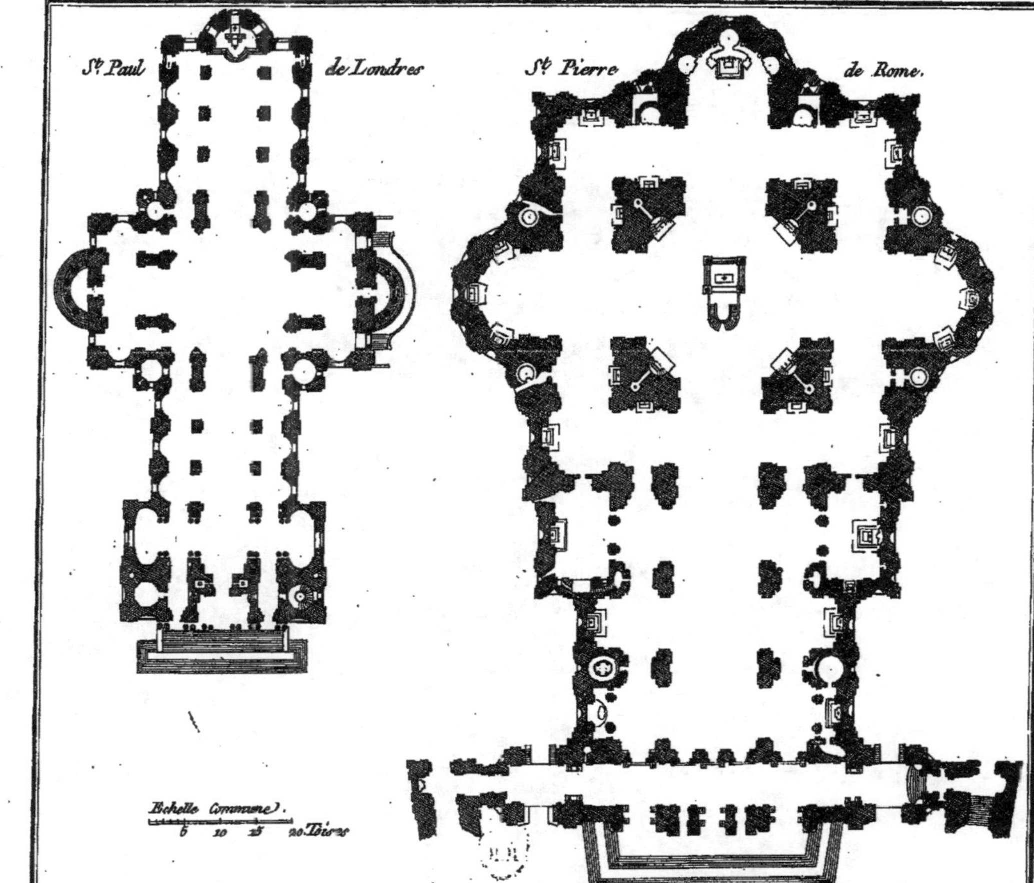

Plans des Eglises de St. Paul de Loutres et de St. Pierre de Rome.

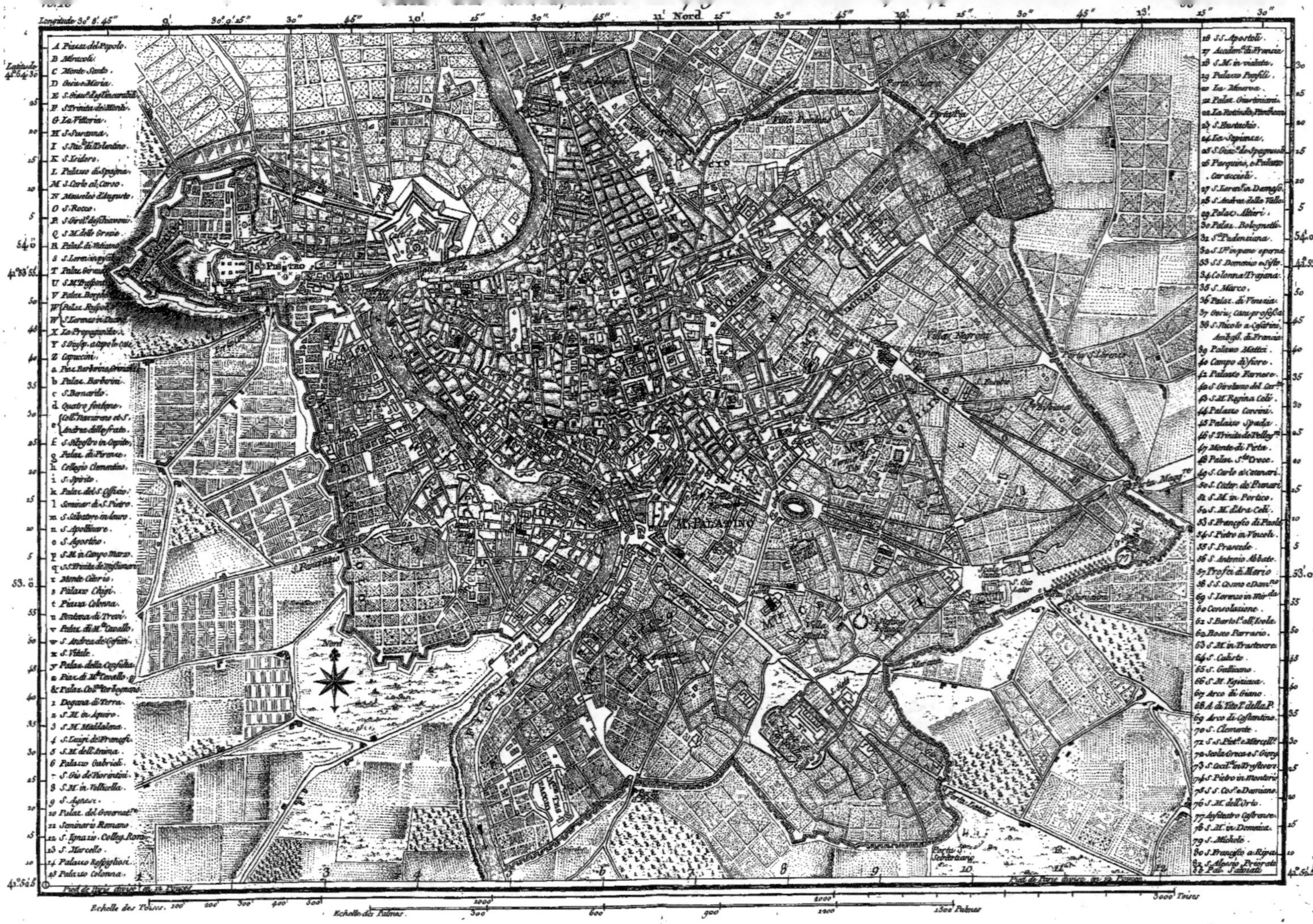
Longitude 30° 8'. 45"
Latitude 41° 54'. 30"
Nord
A Piazza del Popolo.
B Miracoli.
C Monte Santo.
D Gesù e Maria.
E S. Giac.º degl'Incurabili.
F S. Trinità de' Monti.
G La Vittoria.
H S. Susanna.
I S. Nic.º di Tolentino.
K S. Isidoro.
L Palazzo di Spagna.
M S. Carlo al Corso.
N Mausoleo d'Augusto.
O S. Rocco.
P S. Girol.º de' Schiavoni.
Q S. M. delle Grazie.
R Palaz. di Vaticano.
X La Propaganda.
Z Capuccini.
b Palaz. Barberini.
c S. Bernardo.
d Quatro fontane.
e Coll. Nazareno et S. Andrea delle frate.
f S. Silvestro in Capite.
g Palaz. di Firenze.
h Collegio Clementino.
i S. Spirito.
k Palaz. del S. Offizio.
l Seminar. di S. Pietro.
m S. Salvatore in lauro.
n S. Apollinare.
o S. Agostino.
p S. M. in Campo Marzo.
r Monte Citorio.
s Palazzo Chigi.
t Piazza Colonna.
u Fontana di Trevi.
v Palaz. di M.te Cavallo.
w S. Andrea de' Gesuiti.
x S. Vitale.
y Palaz. della Consulta.
z Piaz. di M.te Cavallo.
& Palaz. Coll.º Carbognano.
1 Dogana di Terra.
2 S. M. in Aquiro.
3 S. M. Maddalena.
4 S. Luigi de' Francesi.
5 S. M. dell'Anima.
6 Palazzo Gabrieli.
7 S. Gio. de' Fiorentini.
8 S. M. in Vallicella.
9 S. Agnese.
10 Palaz. del Governat.re
11 Seminario Romano.
12 S. Ignazio. Colleg. Rom.
13 S. Marcello.
14 Palazzo Rospigliosi.
15 Palazzo Colonna.
16 S.S. Apostoli.
17 Academ.ia di Francia
18 S. M. in via lata.
19 Palazzo Panfili.
20 La Minerva.
21 Palaz. Giustiniani.
22 La Rotonda, Pantheon
23 S. Eustachio.
24 La Sapienza.
25 S. Giac.º de' Spagnuoli
26 Parquino, e Palazzo Caraccioli.
27 S. Loren.º in Damaso.
28 S. Andrea della Valle.
29 Palaz. Altieri.
30 Palaz. Bolognetti.
31 S.ta Pudenziana.
33 S.S. Domenico e Sisto.
34 Colonna Trajana.
35 S. Marco.
36 Palaz. di Venezia.
37 Gesù, casa professa
38 S. Nicolo a Cesarini, Ambass. di Francia.
39 Palazzo Mattei.
40 Campo di fiore.
41 Palazzo Farnese.
42 S. Girolamo del Car.tà
43 S. M. Regina Coeli.
44 Palazzo Corsini.
45 Palazzo Spada.
46 S. Trinità de' Pelleg.ni
47 Monte di Pietà.
48 Palaz. S.ta Croce.
49 S. Carlo a' Catenari.
50 S. Cater. de' Funari
51 S. M. in Portico.
52 S. M. d'Ara Celi.
53 S. Francesco di Paola
54 S. Pietro in Vincoli.
55 S. Prassede.
56 S. Antonio Abbate.
57 Trofei di Mario
58 S.S. Cosmo e Dam.no
59 S. Lorenzo in Mir.da
60 Consolazione.
61 S. Bartol.º all'Isola.
62 Bosco Parrasio.
63 S. M. in Trastevere.
64 S. Calisto.
65 S. Gallicano.
66 S. M. Egiziaca.
67 Arco di Giano.
68 A. di Tito T. della P.
69 Arco di Costantino.
70 S. Clemente.
71 S.S. Piet.º e Marcell.º
72 Scola Greca e S. Giorg.
73 S. Cecil.ª in Trastevere.
74 S. Pietro in Montorio.
75 S.S. Cos.º e Damiano.
76 S. M. dell'Orto.
77 Anfiteatro Castrense.
78 S. M. in Domnica.
79 S. Michele.
80 S. Francesco a Ripa.
81 S. Alessio Priorato
82 Pal. Salviati
S. Pietro
M. Palatino
Echelle des Toises.
Echelle des Palmes.
3000 Toises

Voyage en Italie. Tom. IV. Pl. 2.

Fontaine de Trevi à Rome.

Vue de la Place Colonne à Rome.

1. Colonna Antonina. 2. Monte Citorio. 3. Palazzo Chigi, 4. Il Corso.

Entrée de Rome par la porte du Peuple.

1. Obelisco Egizio. 2. Miracoli. 3. Monte-Santo. 4. Strada del Babuino. 5. Strada di Ripetta.

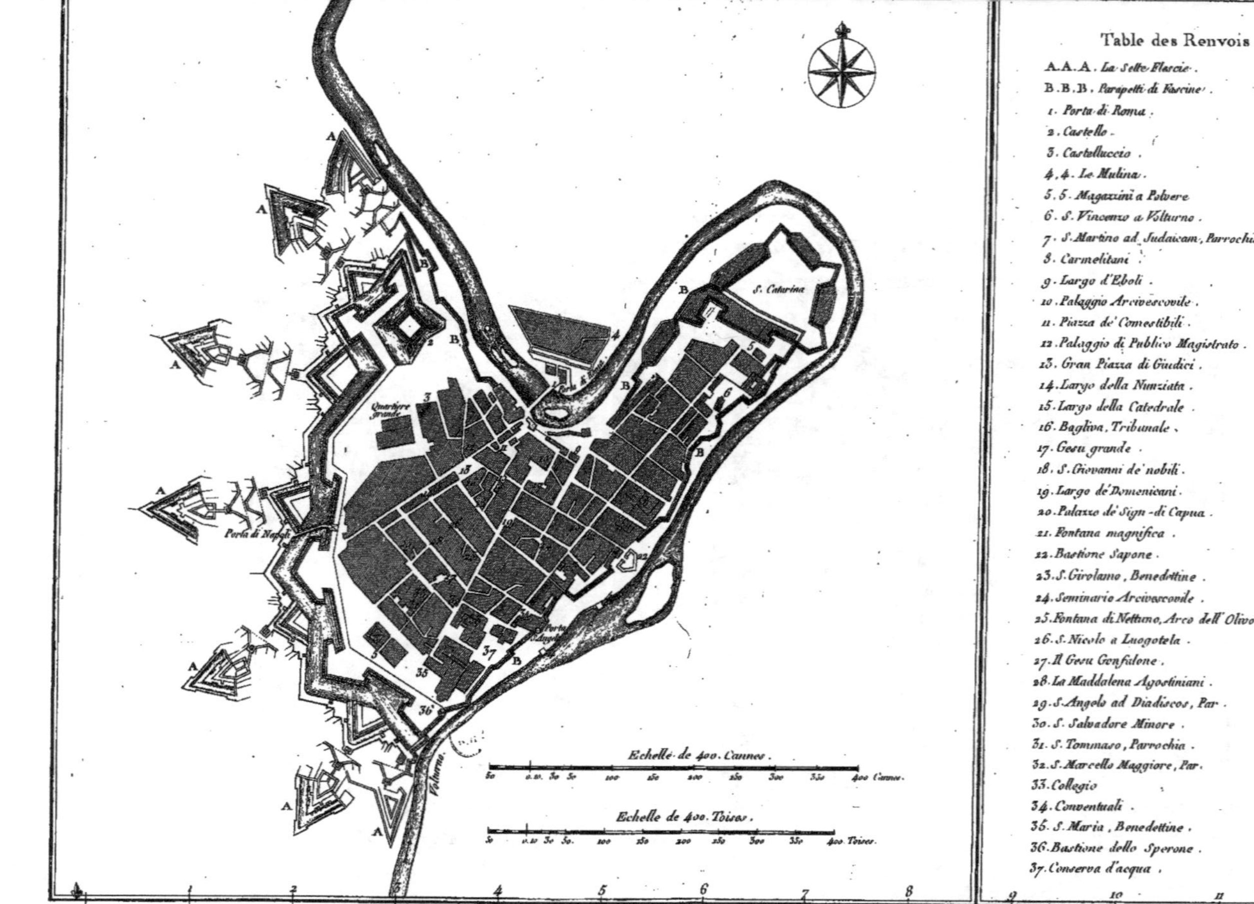

S. Catarina
Quartiere Franco
S. Catarina
Porta di Napoli
Porta di Roma
Volturno

Table des Renvois.
A.A.A. La Sette Flascie.
B.B.B. Parapetti di Fascine.
1. Porta di Roma.
2. Castello.
3. Castelluccio.
4.4. Le Mulina.
5.5. Magazini a Polvere.
6. S. Vincenzo a Volturno.
7. S. Martino ad Judaicam, Parrochia.
8. Carmelitani.
9. Largo d'Eboli.
10. Palaggio Arcivescovile.
11. Piazza de' Comestibili.
12. Palaggio di Publico Magistrato.
13. Gran Piazza di Giudici.
14. Largo della Nunziata.
15. Largo della Catedrale.
16. Baglica, Tribunale.
17. Gesu grande.
18. S. Giovanni de' nobili.
19. Largo de' Domenicani.
20. Palazzo de' Sign. di Capua.
21. Fontana magnifica.
22. Bastione Sapone.
23. S. Girolamo, Benedettine.
24. Seminario Arcivescovile.
25. Fontana di Nettuno, Arco dell' Olivo.
26. S. Nicolo a Luogotela.
27. Il Gesu Gonfalone.
28. La Maddalena Agostiniani.
29. S. Angelo ad Diadiscos, Par.
30. S. Salvadore Minore.
31. S. Tommaso, Parrochia.
32. S. Marcello Maggiore, Par.
33. Collegio.
34. Conventuali.
35. S. Maria, Benedettine.
36. Bastione dello Sperone.
37. Conserva d'acqua.

Echelle de 400. Cannes.
50 0.10 30 50 100 150 200 250 300 350 400 Cannes.
Echelle de 400. Toises.
50 0.10 30 50 100 150 200 250 300 350 400 Toises.
Pied de Paris divisé en 12. Pouces.

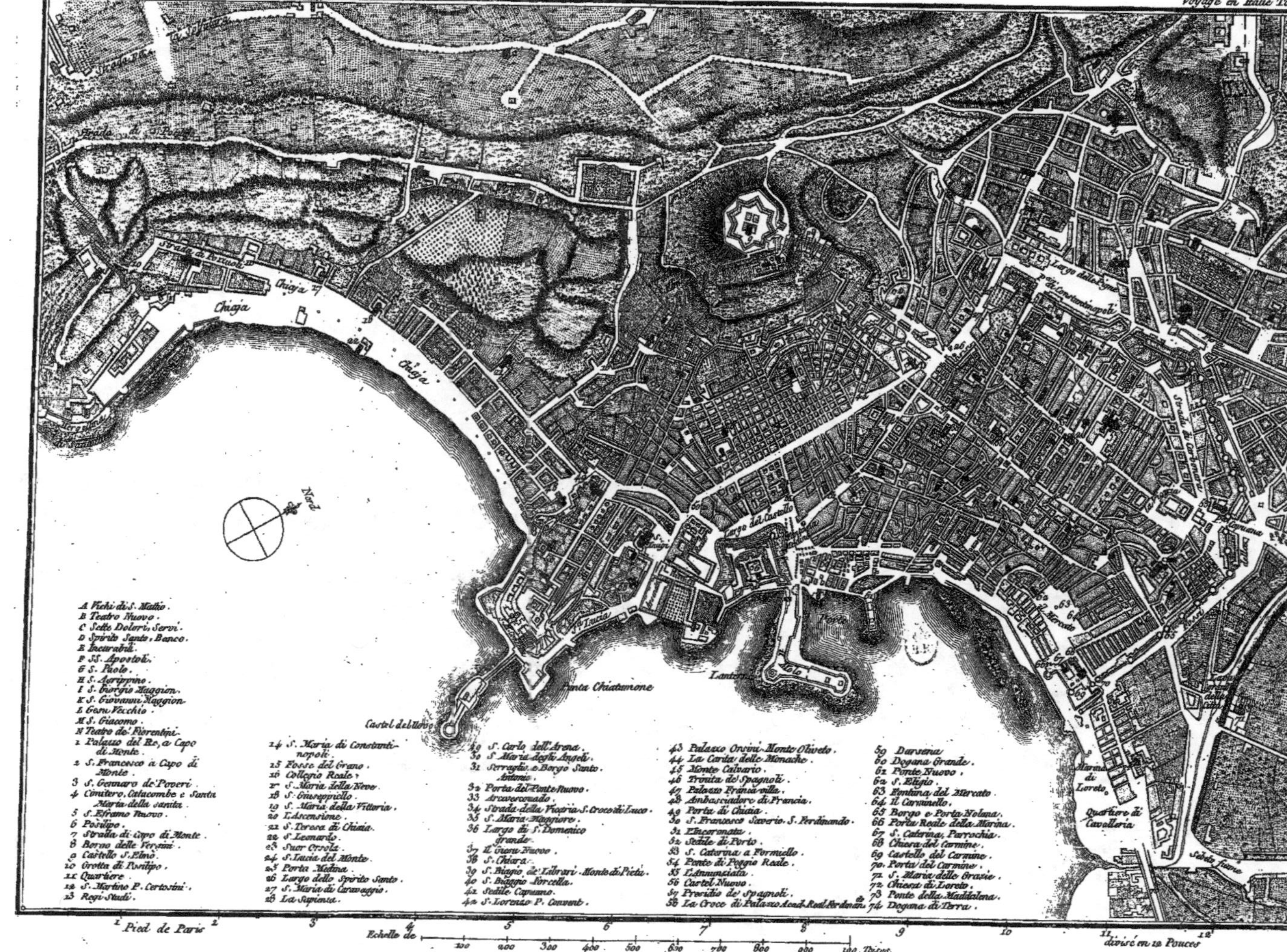

PLAN DE NAPLES
Nord
Chiaja
Castel dell'Uovo
S. Lucia
Punta Chiatamone
Lanterna
Largo del Castello
Quartiere di Cavalleria
Marina di Loreto
Strada de' Poeti
Strada di Carbone
A Fichi di S. Matteo.
B Teatro Nuovo.
C Sette Dolori, Servi.
D Spirito Santo, Banco.
E Incurabili.
F SS. Apostoli.
G S. Paolo.
H S. Agrippino.
I S. Giorgio Maggiore.
K S. Giovanni Maggiore.
L Gesù Vecchio.
M S. Giacomo.
N Teatro de' Fiorentini.
1 Palazzo del Re, a Capo di Monte.
2 S. Francesco a Capo di Monte.
3 S. Gennaro de' Poveri.
4 Cimitero, Catacombe e Santa Maria della sanità.
5 S. Eframo nuovo.
6 Posilipo.
7 Strada di Capo di Monte.
8 Borgo delle Vergini.
9 Castello S. Elmo.
10 Grotta di Posilipo.
11 Quartiere.
12 S. Martino P. Certosini.
13 Regi Studi.
14 S. Maria di Constantinopoli.
15 Fosse del Grano.
16 Collegio Reale.
17 S. Maria della Neve.
18 S. Giuseppiello.
19 S. Maria della Vittoria.
20 L'Ascensione.
21 S. Teresa di Chiaia.
22 S. Leonardo.
23 Suor Orsola.
24 S. Lucia del Monte.
25 Porta Medina.
26 Largo dello Spirito Santo.
27 S. Maria di Caravaggio.
28 La Sapienza.
29 S. Carlo dell'Arena.
30 S. Maria degli Angeli.
31 Serraglio, e Borgo Santo Antonio.
32 Porta del Ponte Nuovo.
33 Arcivescovado.
34 Strada della Fioraia S. Croce di Luco.
35 S. Maria Maggiore.
36 Largo di S. Domenico grande.
37 Il Gesù Nuovo.
38 S. Chiara.
39 S. Biagio de' Librari, Monte di Pietà.
40 S. Biagio Porcella.
41 Sedile Capuano.
42 S. Lorenzo P. Convent.
43 Palazzo Orsini, Monte Oliveto.
44 La Carità delle Monache.
45 Monte Calvario.
46 Trinità de' Spagnoli.
47 Palazzo Francavilla.
48 Ambasciadore di Francia.
49 Porta di Chiaia.
50 S. Francesco Saverio, S. Ferdinando.
51 L'Incoronata.
52 Sedile di Porto.
53 S. Caterina a Formiello.
54 Ponte di Poggio Reale.
55 L'Annunciata.
56 Castel Nuovo.
57 Presidio de' Spagnoli.
58 La Croce di Palazzo Acad. Real Ferdinan.
59 Darsena.
60 Dogana Grande.
61 Ponte Nuovo.
62 S. Eligio.
63 Fontana del Mercato.
64 Il Carminello.
65 Borgo e Porta Nolana.
66 Porta Reale della Marina.
67 S. Caterina, Parrochia.
68 Chiesa del Carmine.
69 Castello del Carmine.
70 Porta del Carmine.
71 S. Maria delle Grazie.
72 Chiesa di Loreto.
73 Ponte della Maddalena.
74 Dogana di Terra.
Pied de Paris
Echelle de   100 200 300 400 500 600 700 800 900 100 Toises.
divisé en 12 Pouces.

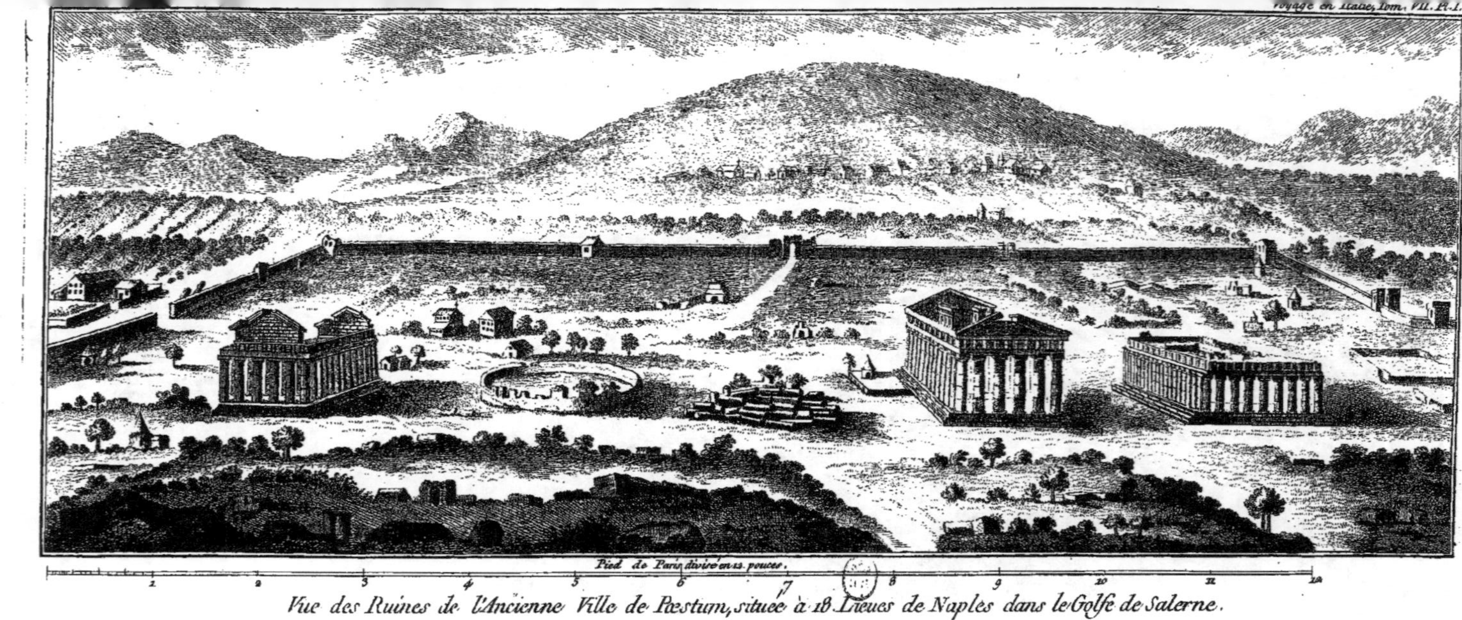

Vue des Ruines de l'Ancienne Ville de Pæstum, située à 18 Lieues de Naples dans le Golfe de Salerne.

PLAN de la Ville et du Port d'ANCONE.

Table des Renvois.

1. Piazza e Porta della farina.
2. Domenicani.
3. Piazza e Porta del Calamo.
4. Zoccolanti.
5. S. Martino, monache.
6. La Nunziata, Conservatorio.
7. Piazza grande, Palazzo apostolico, Torre.
8. Servili.
9. Scolopi.
10. Cappuccine.
11. Cappuccini.
12. Conservatorio.
13. S. Lorenzo, monache.
14. Francescani.
15. Il Gesù.
16. Piazza del Gesù.
17. Palazzo Pubblico.
18. Teresiani.
19. S.ta Palazia, monache.
20. S.ta Maria nova, monache.
21. S. Bartolomeo, monache.
22. Carmelitani.
23. Episcopio.
24. Lazzaretto vecchio.
25. PP. Paolotti.
26. Piazza, Dogana, e Collegiata di S. Maria.
27. Loggia de Mercanti.
28. Filippini.
29. Ghetto degli Ebrei.
30. Agostiniani.
31. Rochettini.
32. Porta di Capo - di Monte.
33. Ponte del Lazzaretto.
34. Bastione di S. Agostino.

A, A. Cinque Portelle di mare.
B. Bastione di S. Primiano.
C. La Gravicola, Piccolo Molo.
D. Apertura per lo Spurgo naturale del Porto.
E. Arco Clementino.
F. Il Rivellino, demolito.
G. G. Baloardi.

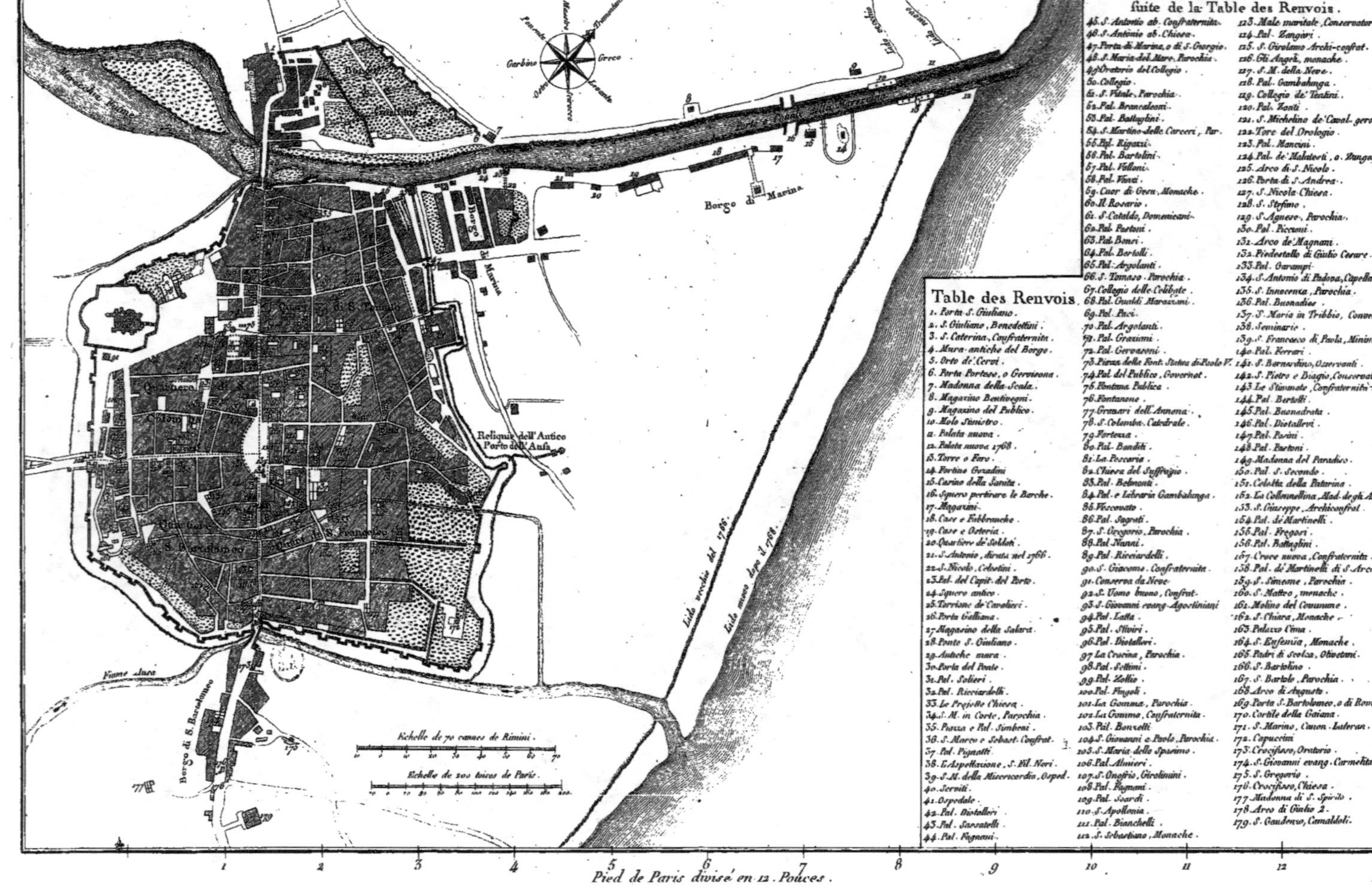

suite de la Table des Renvois.

Table des Renvois
1. Porta S. Giuliano.
2. S. Giuliano, Benedettini.
3. S. Caterina, Confraternita.
4. Mura antiche del Borgo.
5. Orto de' Cervi.
6. Porta Portese, o Gervasona.
7. Madonna della Scala.
8. Magazino Bentivegni.
9. Magazino del Publico.
10. Molo Sinistro.
11. Palata nuova.
12. Palata nuova 1768.
13. Torre o Faro.
14. Fortino Guzzdini.
15. Casino della Sanità.
16. Squero per tirare le Barche.
17. Magazini.
18. Case e Fabbriche.
19. Case e Osteria.
20. Quartiere de' Soldati.
21. S. Antonio, diruta nel 1766.
22. S. Nicolo, Celestini.
23. Pal. del Capit. del Porto.
24. Squero antico.
25. Torrione de Cavalieri.
26. Porta Gallizia.
27. Magazino della Salara.
28. Ponte S. Giuliano.
29. Antiche mura.
30. Porta del Ponte.
31. Pal. Solieri.
32. Pal. Ricciardelli.
33. Le Projette Chiesa.
34. S. M. in Corte, Parochia.
35. Piazza e Pal. Simbeni.
36. S. Marco e Sebast. Confrat.
37. Pal. Pignatti.
38. L'Aspettazione, S. Fil. Neri.
39. S. M. della Misericordia, Osped.
40. Serviti.
41. Ospedale.
42. Pal. Diotallevi.
43. Pal. Sarsatelli.
44. Pal. Fagnani.
45. S. Antonio ab. Confraternita.
46. S. Antonio ab. Chiesa.
47. Porta di Marina, o di S. Giorgio.
48. S. Maria del Mare, Parochia.
49. Oratorio del Collegio.
50. Collegio.
51. S. Vitale, Parochia.
52. Pal. Brancaleoni.
53. Pal. Battaglini.
54. S. Martino delle Carceri, Par.
55. Pal. Rigazzi.
56. Pal. Bartolini.
57. Pal. Valloni.
58. Pal. Vinci.
59. Cuor di Gesu, Monache.
60. Il Rosario.
61. S. Cataldo, Domenicani.
62. Pal. Partani.
63. Pal. Bonsi.
64. Pal. Bertolli.
65. Pal. Argolanti.
66. S. Tomaso, Parochia.
67. Collegio delle Celibate.
68. Pal. Gualdi Marascini.
69. Pal. Puci.
70. Pal. Argolanti.
71. Pal. Graziani.
72. Pal. Gervasoni.
73. Piazza delle Font: Statua di Paolo V.
74. Pal. del Publico, Governat.
75. Fontana Publica.
76. Fontanone.
77. Granari dell'Annona.
78. S. Colomba. Catedrale.
79. Fortezza.
80. Pal. Bandeti.
81. La Pescaria.
82. Chiesa del Suffragio.
83. Pal. Belmonti.
84. Pal. e Libraria Gambalunga.
85. Vescovato.
86. Pal. Sagreti.
87. S. Gregorio, Parochia.
88. Pal. Nanni.
89. Pal. Ricciardelli.
90. S. Giacomo, Confraternita.
91. Conserva da Neve.
92. S. Uomo buono, Confrat.
93. S. Giovanni evang. Agostiniani.
94. Pal. Latta.
95. Pal. Silvieri.
96. Pal. Diotallevi.
97. La Crocina, Parochia.
98. Pal. Settimi.
99. Pal. Zollio.
100. Pal. Fingoli.
101. La Gomma, Parochia.
102. La Gomma, Confraternita.
103. Pal. Bonetti.
104. S. Giovanni e Paolo, Parochia.
105. S. Maria dello Sparimo.
106. Pal. Alvieri.
107. S. Onofrio, Girolimini.
108. Pal. Fagnani.
109. Pal. Scardi.
110. S. Apollonia.
111. Pal. Bianchelli.
112. S. Sebastiano, Monache.
113. Male maritale, Conservatorio.
114. Pal. Zangari.
115. S. Girolamo Archi-confrat.
116. Gli Angeli, monache.
117. S. M. della Neve.
118. Pal. Gambalunga.
119. Collegio de' Teatini.
120. Pal. Zanti.
121. S. Michelino de' Caval. gerosol.
122. Tore del Orologio.
123. Pal. Mancini.
124. Pal. de' Malatesti, o. Zungari.
125. Arco di S. Nicolo.
126. Porta di S. Andrea.
127. S. Nicola. Chiesa.
128. S. Stefano.
129. S. Agnese, Parochia.
130. Pal. Piccini.
131. Arco de' Magnani.
132. Piedestallo di Giulio Cesare.
133. Pal. Garampi.
134. S. Antonio di Padova, Capella.
135. S. Innocenza, Parochia.
136. Pal. Buonadies.
137. S. Maria in Tribbio, Conventuali.
138. Seminario.
139. S. Francesco di Paola, Minini.
140. Pal. Ferrari.
141. S. Bernardino, Osservanti.
142. S. Pietro e Biagio, Conservat.
143. Le Stimmate, Confraternita.
144. Pal. Bertolli.
145. Pal. Buonadrata.
146. Pal. Diotallevi.
147. Pal. Pasini.
148. Pal. Bretoni.
149. Madonna del Paradiso.
150. Pal. S. Secondo.
151. Colletta della Patarina.
152. La Collonnellona. Mad. degli Angeli.
153. S. Giuseppe, Archiconfrat.
154. Pal. de' Martinelli.
155. Pal. Fregori.
156. Pal. Battaglini.
157. Croce nuova, Confraternita.
158. Pal. de' Martinelli di S. Arcang.
159. S. Simeone, Parochia.
160. S. Matteo, monache.
161. Molino del Comune.
162. S. Chiara, Monache.
163. Palazzo Cima.
164. S. Eufemia, Monache.
165. Padri di Scolsa, Olivetani.
166. S. Bartolino.
167. S. Bartolo, Parochia.
168. Arco di Augusto.
169. Porta S. Bartolomeo, o di Roma.
170. Cortile della Gaiana.
171. S. Marino, Canon. Lateran.
172. Capuccini.
173. Crocifisso, Oratorio.
174. S. Giovanni evang. Carmelitani.
175. S. Gregorio.
176. Crocifisso, Chiesa.
177. Madonna di S. Spirito.
178. Arco di Giulio 2.
179. S. Gaudenzo, Camaldoli.

Borgo di Marina.
Borgo di S. Bartolomeo.
Fiume Ausa.
Reliquie dell'Antico Porto dell'Ausa.
Lido vecchio del 1766.
Lido nuovo dopo il 1768.
Echelle de 70 cannes de Rimini.
Echelle de 200 toises de Paris.
Pied de Paris divisé en 12 Pouces.

Table des Renvois.

N.º		N.º	
1.	S. Maria Rotonda.	54.	Palazzo Co. Rinaldo Rasponi.
2.	Crocifisso delle Mura.	55.	SS. Vincenzo, ed Anastasio.
3.	S. Maria in Posterula. Confratern.ta	56.	S. Maddalena Convertite.
4.	S. Vittore.	57.	S. Caterina Seminario Ecclesiastico
5.	S. Anna, Confraternita.	58.	Orfanelle Conser.e di Zitelle pe.te
6.	S. Apollinare.	59.	Mendicanti Cont di Zit.e povere.
7.	S. Gio Battista de' PP. Carmelitani, e Parro.a di S. Clemente unita.	60.	Palazzo Miccoli.
8.	SS. Crispino, e Crispiniano Ospita.e	61.	S. Barbara.
9.	Palazzo del Corno.	62.	S. Apollinare dé Minori Osser.ti
10.	S. Croce.	63.	Palazzo del Re Teodorico.
11.	SS. Nazario e Celso, Sepolcro di Galla Placidia Augusta.	64.	Celibate Conservatorio.
12.	S. Barnaba.	65.	Palazzo Arigeni.
13.	Sepolcro di Isacio Esarca.	66.	Palazzo Ginanni-Coradini.
14.	S. Vitale de' Monaci Cassinensi	67.	S. Giorgio Confraternita.
15.	S. Maria Maggiore.	68.	S. Francesco dé PP. Mino.ri Convent
16.	S. Maria in Coelse eo	69.	Sepolcro di Dante Poeta.
17.	Palazzo Cavalli.	70.	Chiesa di Braccio Forte.
18.	Palazzo Pompili.	71.	Palazzo Santacroce.
19.	Teatro.	72.	S. Maria Maddalena.
20.	Palazzo Spreti.	73.	Palazzo Nob. Tosco Rasponi.
21.	S. Giovanni Evan.ta Mon.e Agostiniane.	74.	S. Appollinare Confra.ta
22.	B. V. dalle Asse.	75.	Palazzo Bezzi.
23.	S. Maria in Hortis.	76.	S. Chiara Mon.rio Francescane.
24.	S. Stefano, Monache Domenicane.	77.	S. Carlo Confraternita.
25.	SS. Sergio, e Bacco.	78.	S. Maria delle Croci Ospitale.
26.	S. Gio Evan.ta de Can.ci Scopettini.	79.	Palazzo Guiccioli.
27.	Corpus Domini Mon.e Francescane.	80.	SS. Leonardo, ed Onobuono Conf
28.	Spirito Santo de PP. Teatini.	81.	Palazzo Ginanni Marocelli.
29.	S. Maria in Cosmedin.	82.	Pal.zo Pignatta, olim Rasponi.
30.	S. Croce Confraternita.	83.	Palazzo Cav. Carlo Rasponi.
31.	Buon Gesu.	84.	Palazzo Bacinetti.
32.	SS. Nicandro, e Marciano.	85.	S. Giovanni, e Paolo.
33.	Palazzo Grossi.	86.	S. Antonio Abate.
34.	Palazzo Monaldini.	87.	S. Marta Confraternita.
35.	S. Maria de' Suffragi, Confrat.	88.	S. Girolamo dé PP. Gesuiti.
36.	S. Michele.	89.	Palazzo Fantuzzi.
37.	Palazzo dal Sale.	90.	S. Giovanni in Fonte Battistero.
38.	S. Domenico dé PP. Domenicani.	91.	Palazzo Vicariale.
39.	Beata Vergine del Porto.	92.	Chiesa Metropolitana Parrochiali.
40.	S. Paterniano.	93.	Palazzo Arcivescovile.
41.	Palazzo Osio.	94.	Palazzo Ginanni. 94.* S. Sacram.
42.	S. Eufemia.	95.	S. Andrea Monache Benedettine.
43.	M M. Capuccini.	96.	Collegio de Nobili.
44.	S. Maria in Foris.	97.	PP. Cappuccini.
45.	Palazzo Nob. Rafaele Rasponi.	98.	S. Niccolo de PP. Agostiniani.
46.	S. Agnese.	99.	Classe Munistero dé Monachi. Camaldolesi.
47.	S. Giuseppe, Confraternita.	100.	S. Agata Maggiore, e Par.a di S. Appolonia unite. Munisteri.
48.	Palazzo della Comunità.	101.	Tavelle Conservatorio.
49.	Palazzo della Legazione.	102.	S. Maria in Virtute, Confraternita.
50.	S. Gio Decollato, Confraternita.	103.	Palazzo Co.te Giovanni Lovatelli.
51.	Palazzo del Tesoriere.	104.	Palazzo Co.te Alberto Lovatelli.
52.	S. Sebastiano dé PP. Serviti.	105.	SS. Giacomo, e Filippo.
53.	S. Marco Evangel.ta	106.	S. Maria in Porto, dé Can.ci Lateranesi.

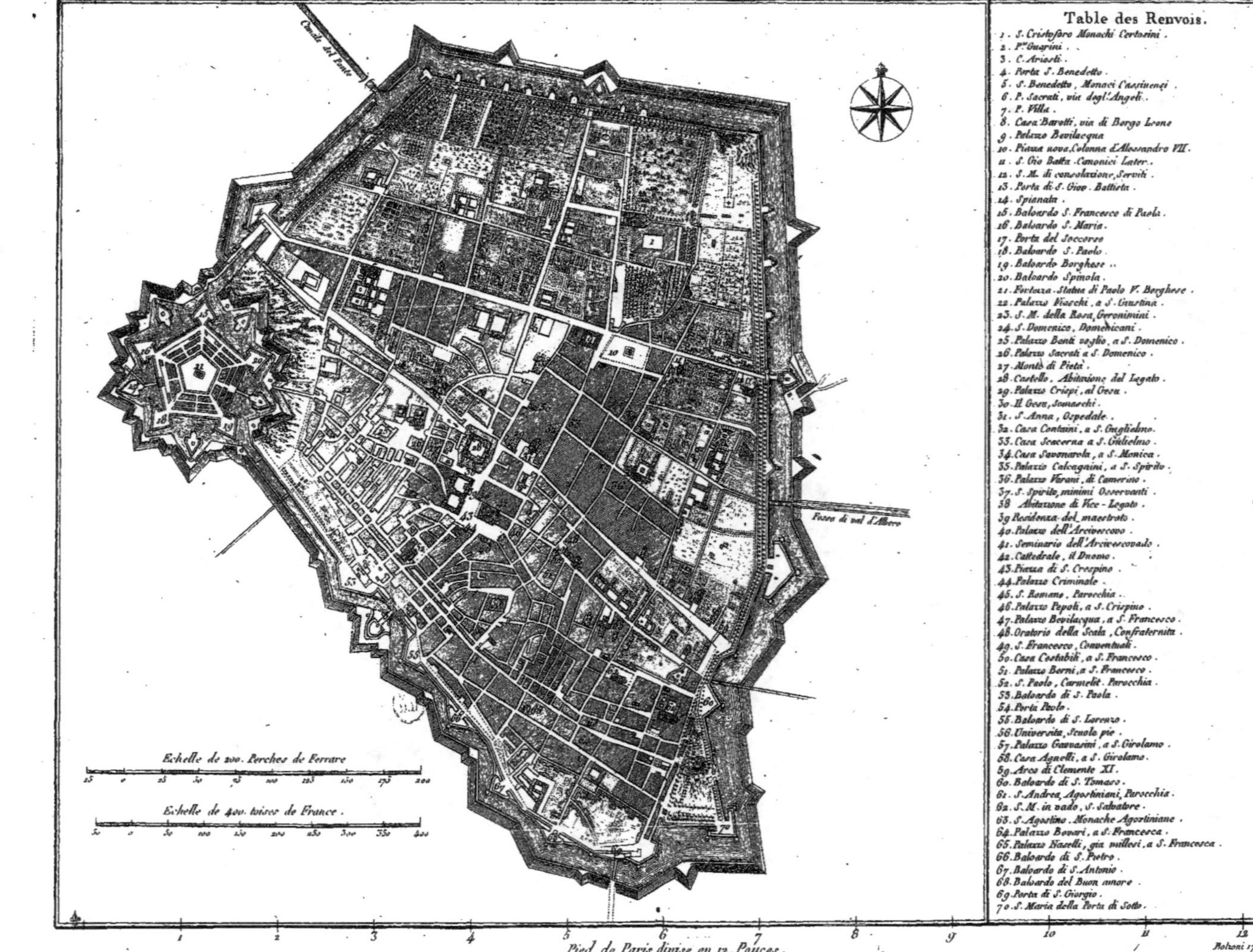

PLAN DE FERRARE.
Voyage en Italie, Tom. VIII. Pl.3.
Canale del Ponte
Fosso di val d'Albero
Echelle de 200. Perches de Ferrare
Echelle de 400. toises de France
Pied de Paris divise en 12. Pouces.
Bolzoni 1747
Table des Renvois.
1. S. Cristoforo Monachi Certosini.
2. P.° Guarini.
3. C. Ariosti.
4. Porta S. Benedetto.
5. S. Benedetto, Monaci Cassinençi.
6. P. Sacrati, via dogl'Angoli.
7. P. Villa.
8. Casa Barotti, via di Borgo Leone.
9. Palazzo Bevilacqua.
10. Piazza nova, Colonna d'Alessandro VII.
11. S. Gio Batta. Canonici Later.
12. S. M. di consolazione, Serviti.
13. Porta di S. Giov. Battista.
14. Spianata.
15. Baloardo S. Francesco di Paola.
16. Baloardo S. Maria.
17. Porta del Soccorso.
18. Baloardo S. Paolo.
19. Baloardo Borghese.
20. Baloardo Spinola.
21. Fortezza. Statua di Paolo V. Borghese.
22. Palazzo Fioschi, a S. Giustina.
23. S. M. della Rosa, Geronimini.
24. S. Domenico, Domenicani.
25. Palazzo Bentivoglio, a S. Domenico.
26. Palazzo Sacrati a S. Domenico.
27. Monte di Pietà.
28. Castello, Abitazione del Legato.
29. Palazzo Criepi, al Gesu.
30. Il Gesu, Somaschi.
31. S. Anna, Ospedale.
32. Casa Containi, a S. Guglielmo.
33. Casa Scacerna a S. Guglielmo.
34. Casa Savonarola, a S. Monica.
35. Palazzo Calcagnini, a S. Spirito.
36. Palazzo Varani, di Camerino.
37. S. Spirito, minimi Osservanti.
38. Abitazione di Vice-Legato.
39. Residenza del maestrato.
40. Palazzo dell'Arcivescovo.
41. Seminario dell'Arcivescovado.
42. Cattedrale, il Duomo.
43. Piazza di S. Crespino.
44. Palazzo Criminale.
45. S. Romano, Parocchia.
46. Palazzo Pepoli, a S. Crispino.
47. Palazzo Bevilacqua, a S. Francesco.
48. Oratorio della Scala, Confraternita.
49. S. Francesco, Conventuali.
50. Casa Costabili, a S. Francesco.
51. Palazzo Berni, a S. Francesco.
52. S. Paolo, Carmelit. Parocchia.
53. Baloardo di S. Paola.
54. Porta Paolo.
55. Baloardo di S. Lorenzo.
56. Università, Scuole pie.
57. Palazzo Gavvarini, a S. Girolamo.
58. Casa Agnelli, a S. Girolamo.
59. Arco di Clemente XI.
60. Baloardo di S. Tomaso.
61. S. Andrea, Agostiniani, Parocchia.
62. S. M. in vado, S. Salvatore.
63. S. Agostino. Monache Agostiniane.
64. Palazzo Bovari, a S. Francesca.
65. Palazzo Naselli, gia millesi, a S. Francesca.
66. Baloardo di S. Pietro.
67. Baloardo di S. Antonio.
68. Baloardo del Buon amore.
69. Porta di S. Giorgio.
70. S. Maria della Porta di Sotto.

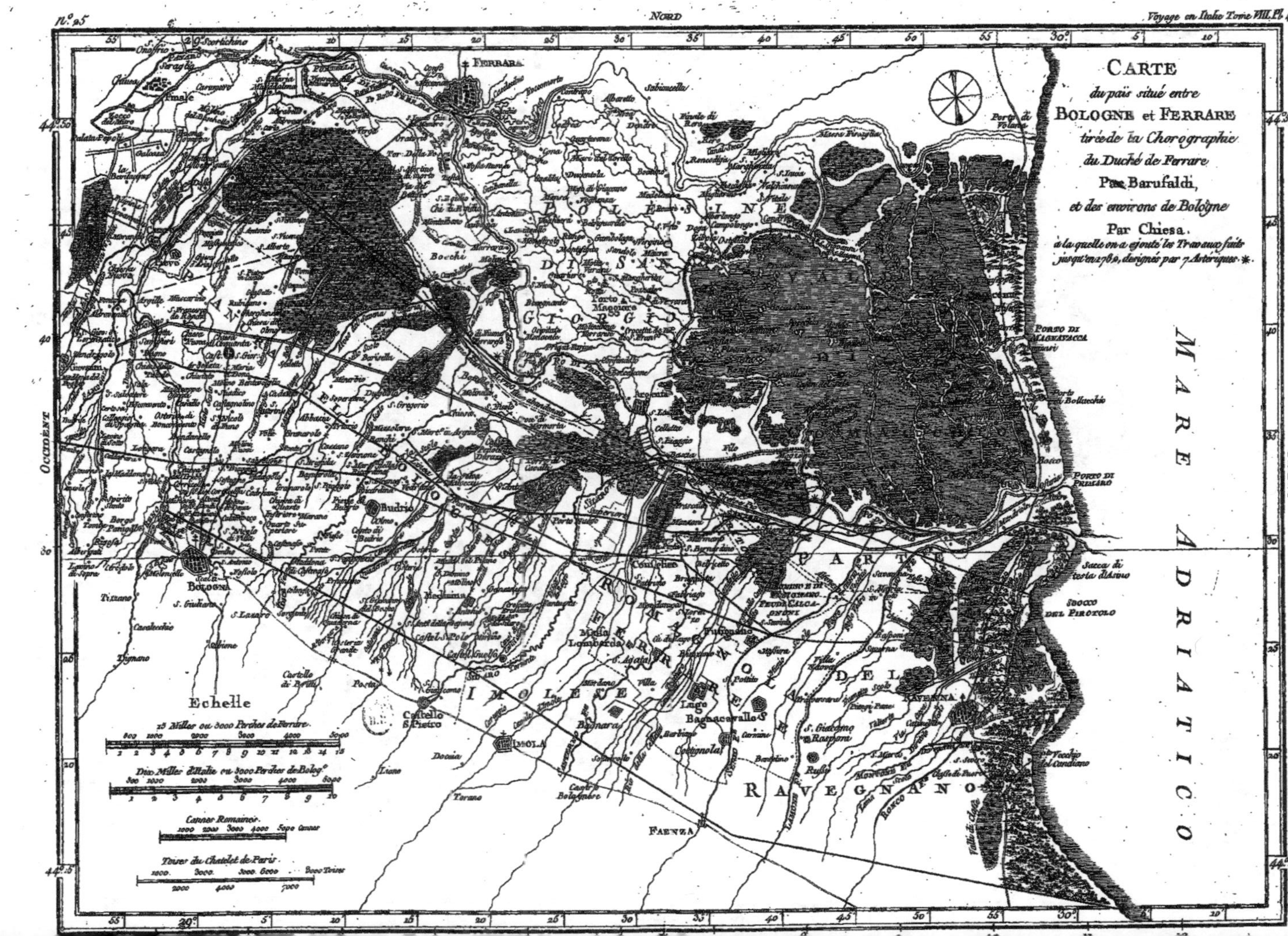

Voyage en Italie Tome VIII. Pl. 4.
N.º 25
NORD
OCCIDENT
ORIENT
MARE ADRIATICO
CARTE
du païs situé entre
BOLOGNE et FERRARE
tirée de la Chorographie
du Duché de Ferrare
Par Barufaldi,
et des environs de Bologne
Par Chiesa,
à la quelle on a ajouté les Travaux faits
jusqu'en 1780, designés par 7 Asteriques *
Echelle
15 Milles ou 5000 Perches de Ferrare.
Dix Milles d'Italie ou 5000 Perches de Bolog.e
Cannes Romaines.
Toises du Chatelet de Paris.
FERRARA
BOLOGNA
FAENZA
IMOLA
POLESINE
DISTR. DI S. GIORGIO
ROMAGNA
RAVEGNANO
Porto di Volano
Porto di Magnavacca
Porto di Primaro
Sbocco del Pirocolo

N.° 26.

N.ºs de la partie supérieure.

1 Bersaglio.
2 Reformati.
3 S. Alvise.
4 La Madonna dell'Orto.
5 Priorato.
6 Campo delli mori.
7 Chiovere.
8 Cappuccine.
9 Chiovere di S. Girolamo.
10 S. Girolamo.
11 Chiovere di Canaregio. Spettacolo Taurario.
12 S. Gieb.
13 Ghetto Vecchio.
14 Ghetto Novo.
15 Li Servi.
16 S. Marcilian.
17 La Misericordia.
18 Sta Catterina.
19 Gesuiti.
20 Li Mendicanti.
21 Santa Fosca.
22 S. Felice.
23 La Madalena.
24 S. Marcuola.
25 Fontaco di Turchi.
26 S. Leonardo.
27 Casa Savorgnani.
28 S. Gieremia.
29 Li Scalzi.
30 S. Simon grande.
31 S. Gio decollato.
32 S. Giacomo dell'Orio.
33 S. Maria Mater Domini.
34 S. Cassan.
35 Pescharia.
36 Le Fabriche.
37 S. Sofia.
38 Sti Apostoli.
39 S. Cancian.
40 S. Maria Nuova.
41 Li Miracoli.
42 Scuola di S. Marco.
43 Borgo da Bergamo.
44 S. Gio e Paulo.
45 L'Ospedaletto.
46 La Cavalleria.
47 Magazini in Barberia delle Pelle.
48 Le Servite, dette Cappucine.
49 Sta Giustina.
50 S. Francesco della Vigna.
51 Noncintura.
52 La Celestia.
53 Sta Ternita.
54 S. Gio Laterano.
55 Sta Marina.
56 S. Gio. Crisostomo.
57 Ponte di Rialto.
58 S. Giacomo.
59 S. Giovanni.
60 S. Matteo.
61 Rio delle Beccarie.
62 S. Boldo.
63 S. Agustin.
64 S. Simon piccolo.
65 Sta Lucia.
66 Corpus Domini.
67 La Croce.
68 Corte da Bergamaschi.
69 S. Gio Evangelista.
70 S. Nicoletto.
71 S. Stin.
72 S. Pollo.
73 S. Aponal.
74 S. Silvestro.
75 S. Bartolomeo.
76 S. Teodoro.
77 S. Salvador.
78 La Fava.
79 S. Lio.
80 S. Maria formosa.
81 S. Severo.
82 S. Lorenzo.
83 Comenda di Malta.

84 S. Danielle.
85 Le Vergini.
86 S. Pietro, Patriarcato.
87 Madonna dell'Arsenale.
88 S. Martino.
89 S. Antonin.
90 S. Gio Bragola.
91 S. Giorgio de Greci.
92 S. Zaccaria.
93 S. Provolo.
94 S. Gio Novo.
95 S. Giulian.
96 S. Lucca.
97 S. Benedetto, Teatro.
98 S. Toma.
99 La Passion.

N.ºs de la partie inférieure.

1 Li Frari.
2 S. Rocco.
3 Castel Forte.
4 Li Tolentini.
5 Il Purgo.
6 S. Andrea.
7 S. Pantaleon.
8 Sta Margarita.
9 Teatro di S. Angelo.
10 Piscina.
11 S. Angelo.
12 S. Paternian.
13 S. Gallo.
14 S. Marco.
15 Corte di Palazzo.
16 La Pieta, Ospedale.
17 S. Biasio.
18 S. Francesco di Paola.
19 S. Domenico.
20 S. Gioachin.
21 S. Anna.
22 S. Giuseppe.
23 Seminario.
24 S. Antonio.
25 Procuratie Nove.
26 La Pescaria.
27 L'Ascension.
28 S. Moise.
29 S. Fantin.
30 S. Maurizio.
31 S. Stefano.
32 S. Rocco e S. Margherita.
33 S. Samuel, Casa Mocenigo.
34 S. Barnaba.
35 Il Carmine.
36 S. Maria Maggiore.
37 S. Teresa.
38 S. Nicolo.
39 Sta Marta.
40 L'Angelo Rafael.
41 S. Bastian.
42 S. Basegio.
43 Ogni Santi.
44 S. Trovaso.
45 La Carita.
46 S. Vidal.
47 Sta Maria Zobenico.
48 Il Teatro.
49 La Salute.
50 Dogana.
51 Abazia di S. Gregorio.
52 Li Catecumini.
53 S. Vio.
54 Lo Spirito Santo.
55 Incurabili.
56 S. Agnese.
57 Li Gesuiti.
58 S. Biasio della Zueca.
59 Le Convertite.
60 S. Cosmo.
61 S. Eufemia.
62 La Corte grande.
63 S. Anzolo.
64 S. Giacomo.
65 Li Capuccini.
66 La Croce.
67 Le Citelle.
68 S. Giovanni della Zueca.
69 S. Giorgio Maggiore.

Nord — Orient — Occident — Midi.

Canal della Giudeca.

Echelle de 1000 Toises de Paris, 566 Pieds de Venise.

Pied de Paris divisé en 12 pouces.

Table des Renvois.

1. Li Crociferi, ora Collegio Brentara.
2. Gli Scalzi.
3. S. Giovanni di Verdara.
4. S. Valentino.
5. B. Pellegrino.
6. Ponte della Boretta.
7. Le Maddalene, ora Veterinaria.
8. S. Giacomo coll'ospit. de' Pellegrini.
9. Gradelle de' Carmini.
10. Casa Poleni ora Scuola di Chimica.
11. Li Carmini.
12. Porte Contarine.
13. S. Antonio di Vienna, ora Collegio di S. Marco.
14. S. Mater Domini.
15. S. Lionardo.
16. L'Arena.
17. S. Fermo.
18. S. Tomaso Apostolo.
19. Gradelle di Porciglia.
20. S. Paolo, o sia le Terese.
21. S. Agnese.
22. S. Matteo.
23. Li Eremitani.
24. S. Benedetto Vecchio.
25. Piazza sforzata, e Teatro nuovo.
26. S. Lucia.
27. Piazza della Paglia, o de' noli.
28. S. Bartolomeo.
29. SS. Simeone e Giuda, o Teatini.
30. S. Benedetto novello.
31. S. Pietro.
32. S. Barbara e S. Nicolo.
33. S. Andrea.
34. Palazzo prefetizio ed Accademia delle Scienze.
35. Piazza della Signoria.
36. Piazza delle Legne.
37. S. Marco.
38. S. Clemente.
39. Piazza de' Frutti.
40. S. Bernardino.
41. S. Francesco di Paola.
42. Il Monte di Pietà.
43. Il Duomo col palazzo Ep.
44. Palazzo della ragione.
45. Piazza dell'erbe.
46. S. Martino col bo, o sia Università.
47. S. Biagio.
48. S.ta Sofia.
49. S. Prodoscimo.
50. S. Catterina.
51. Casa di Dio.
52. S. M. Iconia.
53. S. Giovanni delle Navi.
54. Piazzietta dell'obizzo, e suo Teatro.
55. S.ta Giuliana.
56. S. Lorenzo.
57. Gli Orfani.
58. B. Elena.
59. Gli ogni santi.
60. Li Colombini.
61. Lo Spirito Santo.
62. Santo Stefano.
63. Vecchio Ospitale.
64. Giardino, e boschetta Contarini.
65. S. Giovanni della morte.
66. Li Servi.
67. S. Francesco grande.
68. S. Catterina.
69. S. Mattia.
70. S. Massimo.
71. S. Agostino.
72. Li Riformati.
73. S. Egidio.
74. S. Tomaso Martire.
75. S.ta Agata.
76. S.ta Chiara.
77. Nuovo Ospitale.
78. Piazza del Castello.
79. S. Luca.
80. Quartiere di Cavalleria.
81. Castel Vecchio, Specola e scuola d'Architettura.
82. S. Michele.
83. Accademia Delia e Cavallerizza.
84. S. M. di Vanzo, e Seminario.
85. Il Santo.
86. S. Daniele.
87. S. M. dal Torresino.
88. Le Dimesse.
89. Prato della Valle col recinto della Fiera.
90. Bettelemme.
91. Le Grazie, ora mendicanti.
92. S. Violino.
93. L'Orto dei Semplici.
94. Li Eremite.
95. S.ta Giustina.
96. Conservatorio di Boccalo.
97. La Misericordia.
98. La Madona della Salute.
99. S.ta Croce.
100. Li Cappuccini.
101. Li Somaschi.

à l'Extérieur.

102. Cimiterio dell'Ospitale di Padova.
103. Pasco del baccanello.
104. Gli termini della Spianata.
105. Pizzoni, al pasco di S. Grippolo.
106. Venturini.
107. Marchetti.
108. Osteria e pasco Rampazzo.

AA. Canale del Piovego Str. di Venzia.
BB. Bacchiglione.
CC. Strada di Treviso.
DD. Strada di Piova.
EE. Strada Montanara.
FF. Strada di Bassano.
GG. Str. di Campo Sparo.
HH. Borgo Magno.

Monti Berici

Campo

Corso delle Carrozze

Martio

Borgo di S. Felice

Casara

Cavallerizza

Stradone

Borgo di S.ta Croce

Borgo di S. Bartolomeo

Bacchiglione

Seriola

Borgo di Casale

Borgo di S. Lucia

Borgo di Padua

Pas Geometriques d'Italie

Toises de France

Pied de Paris divisé en 12 Pouces.

Table des Renvois.

1. SS. Felice, e Fortun. Bened. Parroch.
2. S. Bovo, Ospitale.
3. S. Valentin, Osp. Orfani.
4. Porta nuova.
5. S. Rocco, Monache.
6. S. Maria nuova, Monache.
7. S.M. nova, Dimesse.
8. Il Corpus Dom. Monache.
9. S. Croce, Dimesse, e Parrochia.
10. Porta di S. Croce.
11. Ponte di S. Croce.
12. S. Giacomo, Carm.
13. Ponte nuovo.
14. S. Domenico, Monache.
15. Il Soccorso.
16. S. Ambrogio, Osped. de' Pelegr.
17. Palazzo del Conte Velo.
18. Quartiere de' Soldati.
19. Palazzo de' Conti Valmarana dal Castello.
20. S. Giuseppe, Refform. e Porton di Campo marzo.
21. Porta del Castello.
22. Palazzo Vecchia.
23. Del Conte Masani.
24. S. Franc. Vecchio Semin. de' Preti.
25. Del Conte Biscari.
26. Del Conte Loschi.
26. Del Conte Tiene.
27. Del Conte Trissino.
28. S. Maria del Grazie, Gerosin.
29. Il Vescovato.
30. Piazza del Duomo.
31. Il Duomo.
32. Del Conte Trissino.
33. Oratorio del Duomo.
34. Del Conte Tiene.
35. Del March. Capra.
36. Del Conte Tiene.
37. Li PP. Filippini.
38. Il Salone, e l'Osp. di S. Marcello.
39. Oratorio dell' SS. Sacramento.
40. S. Marcello, Parrochia.
41. Del Conte Caldogno.
42. Del March. Repeta.
43. S. Lorenzo, min. Conv.
44. La Madona di Monte, Serviti.
45. Palazzo del Conte Volpe.
46. Porta Lupia.
47. Ponte Furo.
48. Del Conte Vollo.
49. Del March. Sale.
50. Del Conte Ghellini.
51. S. Antonio, Osp. d'Infermi.
52. La Chiesa de' Proti.
53. Del Conte Porto.
54. Palazzo del Conte Pojana.
55. S. Onofrio.
56. Del Conte Valmarana.
57. Del Valmarana.
58. SS. Filippo, e Giac. Sommaschi.
59. Del Conte Porto Barbar.
60. Del Conte Piovene.
61. Oratorio della Concezione.
62. Del Conte Porto.
63. S. Biasio, min. Ossers.
64. Ponte di Pusterla.
65. S. Marco Parrochia.
66. Del Conte Barbieri.
67. Palazzo del Conte Schio.
68. Del Conte Capra.
69. S. Girolamo, Carm. Scalzi.
70. La Misericordia, Osp. d'Orfane.
71. Del March. Giustiniani.
72. S. Francesco, Monache.
73. S. Bortolamio, Can. Reg. Lat.
74. Porta di S. Bartolamio.
75. S. Silvestro, Mon. Parrochia.
76. SS. Apostoli.
77. Del Conte Gualdo.
78. Del Conte Pigafetta.
79. Ponte delle Beccherie Grandi.
80. S. Paolo, Parrochia.
81. Piazza delle Erbe, e Pescheria.
82. Palazzo della Raggion.
83. Piazza de' Signori.
84. Piazza de' Signori.
85. Loggia del Capitanio.
86. Palazzo del Conte Trissino.
87. La Libreria Bertoliana.
88. S. Vicenzo Protettore.
89. S. Eleuterio, Parrochia.
90. Piazza delle Biave.
91. Piazza del Vino.
92. Li Cappucini.
93. S. Maria de' Sorvi, Serviti.
94. Del Conte Nievo.
95. Ponte di S. Michele.
96. Oratorio di S. Niccola.
97. S. Michele, Erem.
98. Del S. Valle.
99. S. Tommaso, Monache.
100. S. Chiara, Monache.
101. Le Cittelle.
102. Porta di Monte.
103. Ogni Santi, Monache.
104. Ponte delle Barche.
105. Oratorio del Cristo de Servi.
106. Del Conte Valmarana.
107. Del Conte Trento.
108. S. Faust. e Giov. Parrochia.
109. L'Oratorio del Rosario.
110. S. Corona, Domen.
111. Del Conte Salvi.
112. S. Stefano, Parrochia.
113. Libreria de' PP. Teatini.
114. Chiesa di S. Guetano, Teatini.
115. Del Conte Schio.
116. Del Conte Tiene.
117. Del Conte Negri.
118. Del Conte Conti.
119. Del Conte Montmaro.
120. Del Conte Piovene.
121. Palazzo del Conte Chieregato sul Isola.
122. Piazza del Piano della Isola.
123. Scalinata del Teatro Olimpico.
124. S. Maria delli Angeli.
125. Ponte de' Falliti.
126. Ponte delli Angeli.
127. L'Aracœli, Monache.
128. S. Andrea.
129. S. Pietro, Monache.
130. La Maddona del Ospedaletto.
131. Porta di Padova.
132. S. Giuliano, PP. Minimi.
133. Le Cappucine.
134. S. Maria Maddal. Monache.
135. Porta di S. Lucia.
136. S. Lucia Canal. Parrochia.
137. La Mad. di Reggio.
6.79. Piazza di Gualdi.

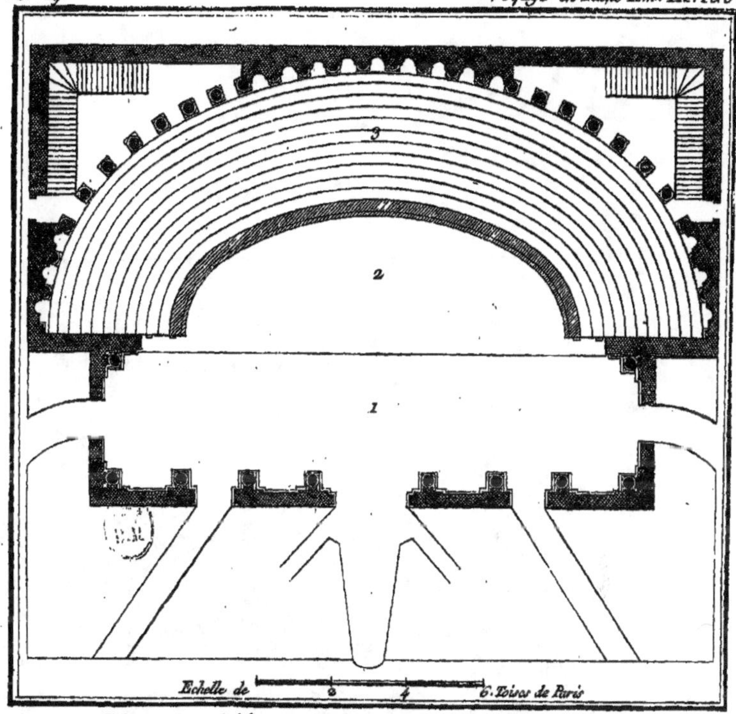

Plan du Théâtre Olympique de Vicence.
1. Théatre. 2. Parterre. 3. Gradins pour des Spectateurs.

PLAN DE VERONE.

PLAN DE MANTOUE *et de ses Environs.*

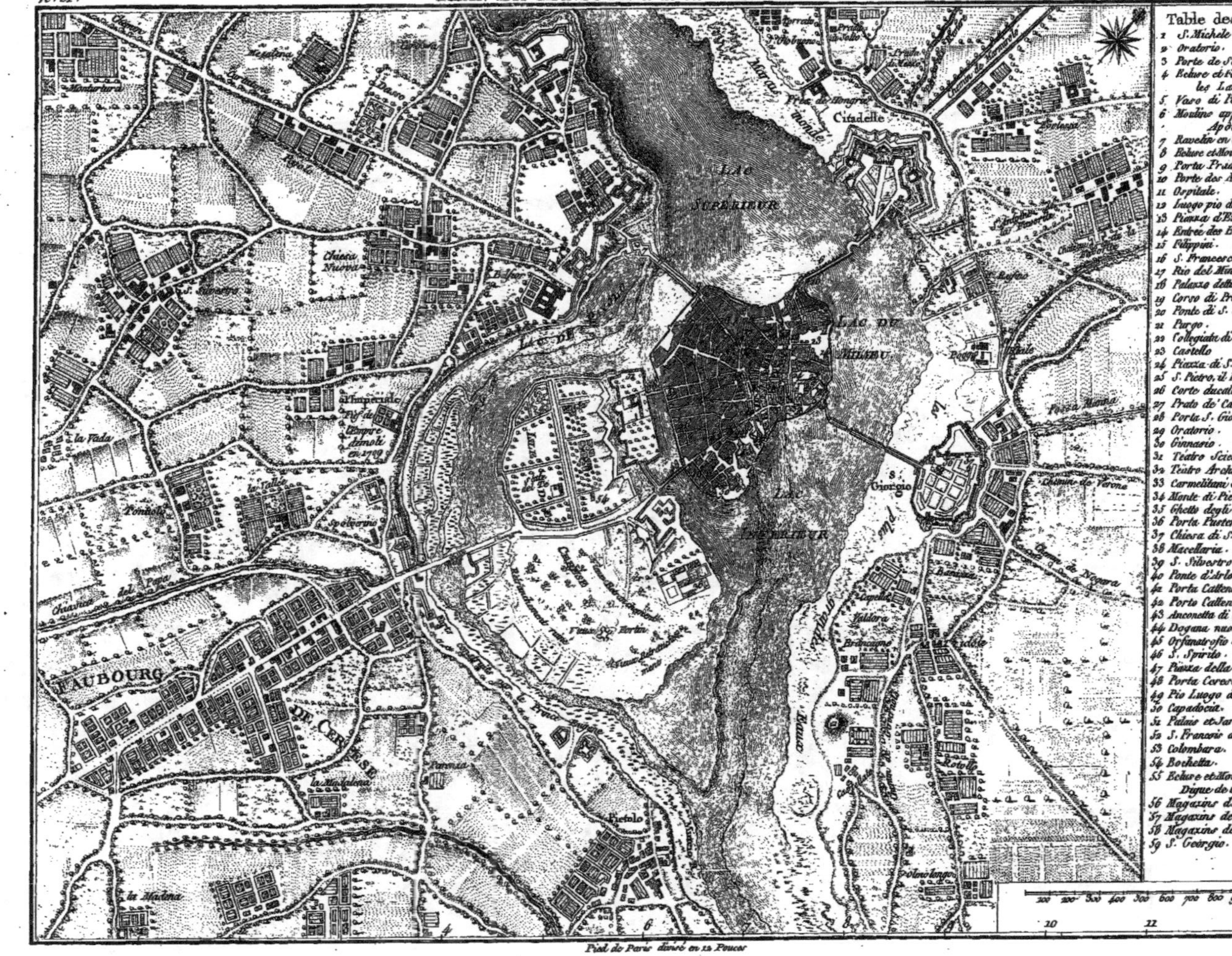

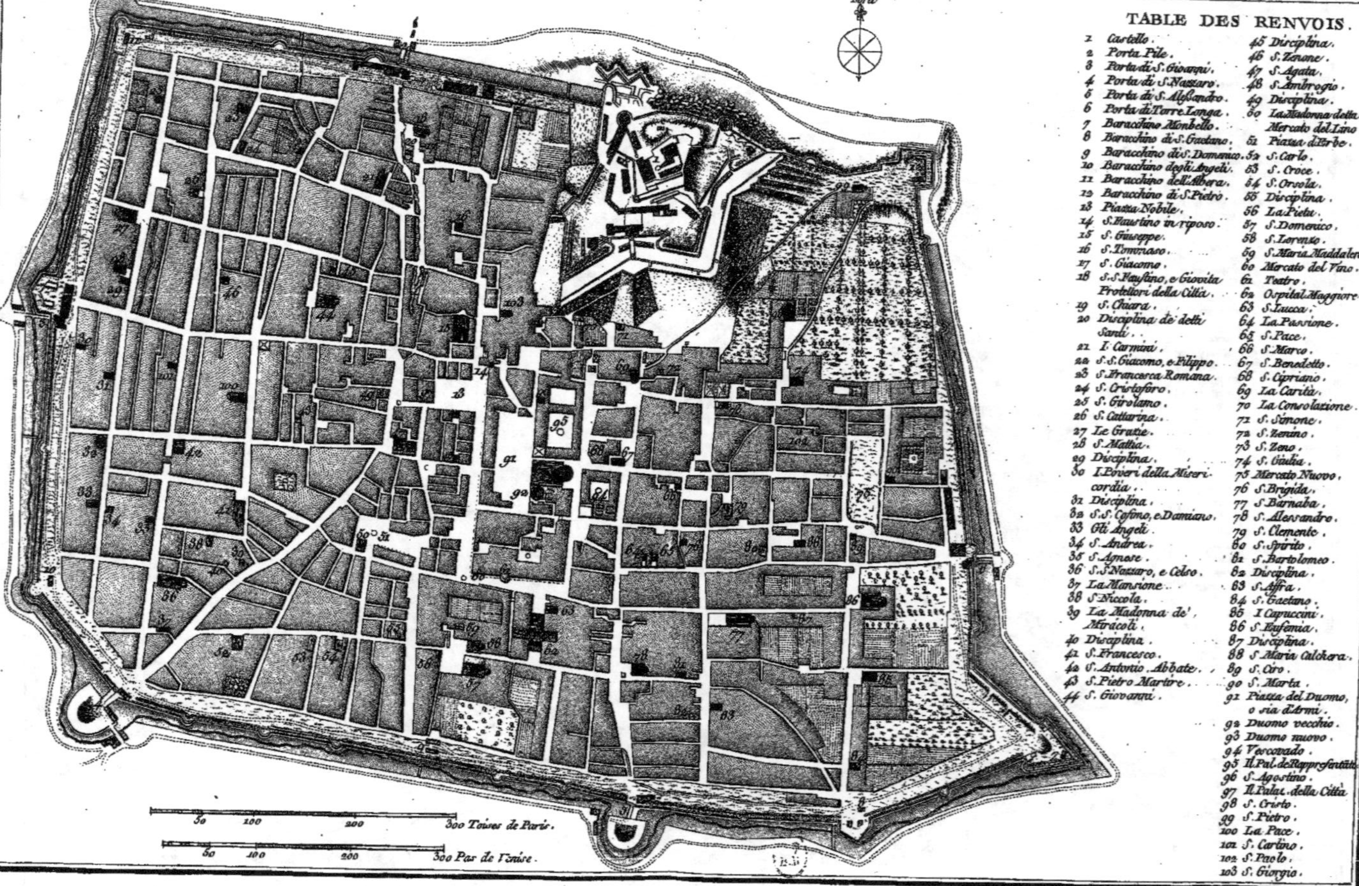

Voyage en Italie, Tome IX Pl. 6.
Nord
TABLE DES RENVOIS.
1 Castello.
2 Porta Pile.
3 Porta di S. Gioanni.
4 Porta di S. Nazzaro.
5 Porta di S. Alessandro.
6 Porta di Torre Longa.
7 Baracchino Monbello.
8 Baracchino di S. Gaetano.
9 Baracchino di S. Domenico.
10 Baracchino degli Angeli.
11 Baracchino dell'Albera.
12 Baracchino di S. Pietro.
13 Piazza Nobile.
14 S. Faustino in riposo.
15 S. Giuseppe.
16 S. Tommaso.
17 S. Giacomo.
18 S.S. Faustino, e Giovita Protettori della Città.
19 S. Chiara.
20 Disciplina de' detti Santi.
21 I Carmini.
22 S.S. Giacomo, e Filippo.
23 S. Francesca Romana.
24 S. Cristoforo.
25 S. Girolamo.
26 S. Cattarina.
27 Le Grazie.
28 S. Mattia.
29 Disciplina.
30 I Poveri della Misericordia.
31 Disciplina.
32 S.S. Cosimo, e Damiano.
33 Gli Angeli.
34 S. Andrea.
35 S. Agnese.
36 S.S. Nazzaro, e Celso.
37 La Mansione.
38 S. Niccola.
39 La Madonna de' Miracoli.
40 Disciplina.
41 S. Francesco.
42 S. Antonio Abbate.
43 S. Pietro Martire.
44 S. Giovanni.
45 Disciplina.
46 S. Zenone.
47 S. Agata.
48 S. Ambrogio.
49 Disciplina.
50 La Madonna detta del Mercato del Lino.
51 Piazza d'Erbe.
52 S. Carlo.
53 S. Croce.
54 S. Orsola.
55 Disciplina.
56 La Pietà.
57 S. Domenico.
58 S. Lorenzo.
59 S. Maria Maddalena.
60 Mercato del Vino.
61 Teatro.
62 Ospital Maggiore.
63 S. Lucca.
64 La Passione.
65 S. Pace.
66 S. Marco.
67 S. Benedetto.
68 S. Cipriano.
69 La Carità.
70 La Consolazione.
71 S. Simone.
72 S. Zenino.
73 S. Zeno.
74 S. Giulia.
75 Mercato Nuovo.
76 S. Brigida.
77 S. Barnaba.
78 S. Alessandro.
79 S. Clemente.
80 S. Spirito.
81 S. Bartolomeo.
82 Disciplina.
83 S. Affra.
84 S. Gaetano.
85 I Capuccini.
86 S. Eufemia.
87 Disciplina.
88 S. Maria Calchera.
89 S. Ciro.
90 S. Marta.
91 Piazza del Duomo, o sia d'Armi.
92 Duomo vecchio.
93 Duomo nuovo.
94 Vescovado.
95 Il Pal. de Rappresentanti.
96 S. Agostino.
97 Il Palaz. della Città.
98 S. Cristo.
99 S. Pietro.
100 La Pace.
101 S. Carlino.
102 S. Paolo.
103 S. Giorgio.
50 100 200 300 Toises de Paris.
50 100 200 300 Par. de Venise.

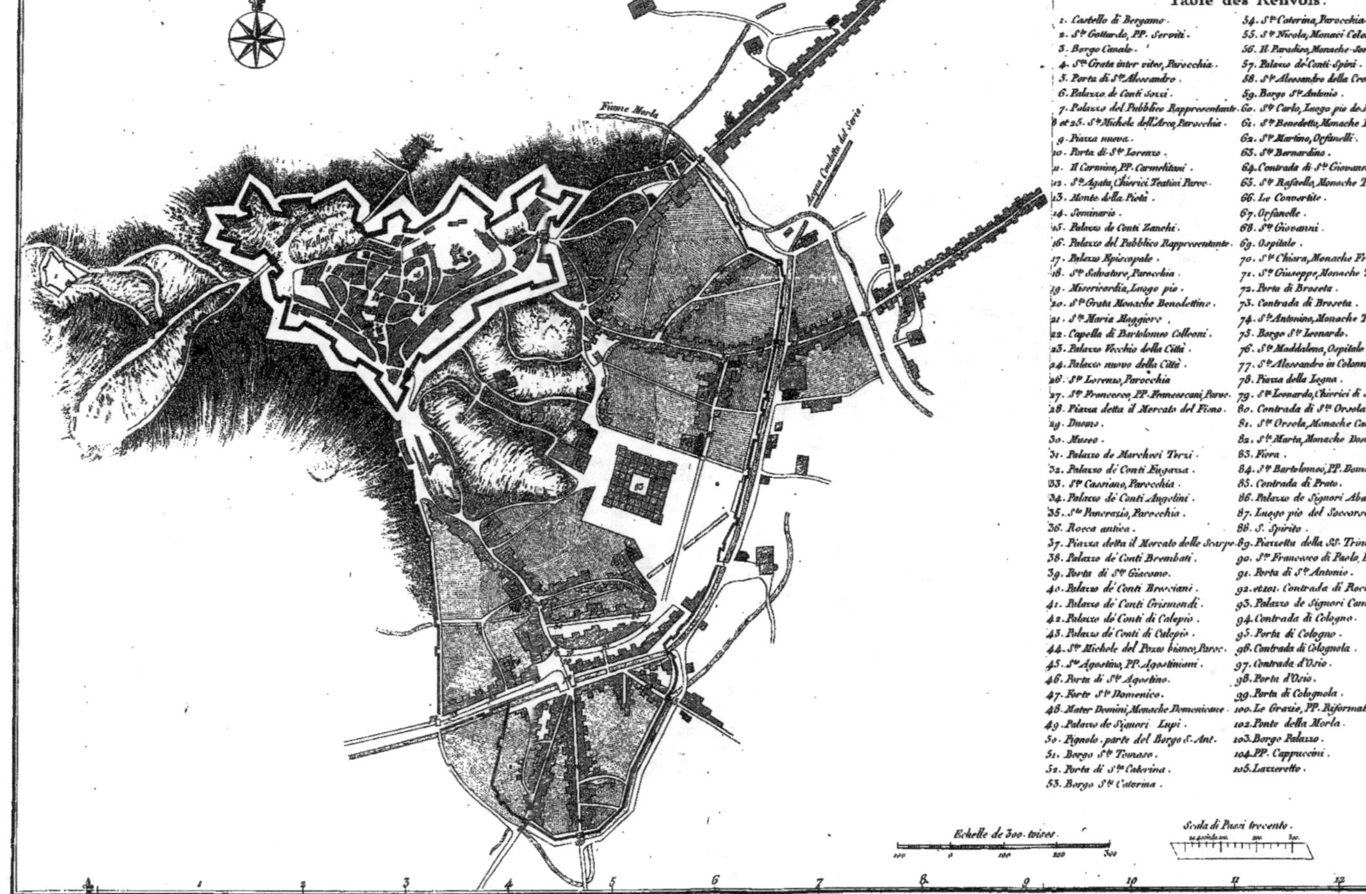

Table des Renvois.

1. Castello di Bergamo.	54. S.ta Caterina, Parocchia.
2. S.to Gottardo, PP. Serviti.	55. S.to Nicola, Monaci Celestini.
3. Borgo Canale.	56. Il Paradiso, Monache Servite.
4. S.ta Grata inter vites, Parocchia.	57. Palazzo de' Conti Spini.
5. Porta di S.to Alessandro.	58. S.to Alessandro della Croce, Parocchia.
6. Palazzo de Conti Sozzi.	59. Borgo S.to Antonio.
7. Palazzo del Pubblico Rappresentante.	60. S.to Carlo, Luogo pio de Mendicanti.
8 et 25. S.to Michele dell'Arco, Parocchia.	61. S.to Benedetto, Monache Benedettine.
9. Piazza nuova.	62. S.to Martino, Orfanelli.
10. Porta di S.to Lorenzo.	63. S.to Bernardino.
11. Il Carmine, PP. Carmelitani.	64. Contrada di S.to Giovanni.
12. S.ta Agata, Chierici Teatini Parocc.	65. S.to Rafaello, Monache Terziarie.
13. Monte della Pietà.	66. Le Convertite.
14. Seminario.	67. Orfanelle.
15. Palazzo de Conti Zanchi.	68. S.to Giovanni.
16. Palazzo del Pubblico Rappresentante.	69. Ospitale.
17. Palazzo Episcopale.	70. S.ta Chiara, Monache Francescane.
18. S.to Salvatore, Parocchia.	71. S.to Giuseppe, Monache Terziarie.
19. Misericordia, Luogo pio.	72. Porta di Broseta.
20. S.ta Grata Monache Benedettine.	73. Contrada di Broseta.
21. S.ta Maria Maggiore.	74. S.to Antonino, Monache Terziarie.
22. Capella di Bartolomeo Colleoni.	75. Borgo S.to Leonardo.
23. Palazzo Vecchio della Città.	76. S.ta Maddalena, Ospitale de Fatui.
24. Palazzo nuovo della Città.	77. S.to Alessandro in Colonna, Parocchia.
26. S.to Lorenzo, Parocchia.	78. Piazza della Legna.
27. S.to Francesco, PP. Francescani Parocc.	79. S.to Leonardo, Chierici di Somasca.
28. Piazza detta il Mercato del Fieno.	80. Contrada di S.ta Orsola.
29. Duomo.	81. S.ta Orsola, Monache Carmelitane.
30. Museo.	82. S.ta Marta, Monache Domenicane.
31. Palazzo de Marchesi Terzi.	83. Fiera.
32. Palazzo de' Conti Fugazza.	84. S.to Bartolomeo, PP. Domenicani.
33. S.to Cassiano, Parocchia.	85. Contrada di Prato.
34. Palazzo de' Conti Angelini.	86. Palazzo de Signori Abati.
35. S.to Pancrazio, Parocchia.	87. Luogo pio del Soccorso.
36. Rocca antica.	88. S. Spirito.
37. Piazza detta il Mercato delle Scarpe.	89. Piazzetta della SS. Trinità.
38. Palazzo de' Conti Brembati.	90. S.to Francesco di Paolo, PP. Minimi.
39. Porta di S.to Giacomo.	91. Porta di S.to Antonio.
40. Palazzo de' Conti Bresciani.	92. et 101. Contrada di Rochetta.
41. Palazzo de' Conti Grismondi.	93. Palazzo de Signori Camozzi.
42. Palazzo de' Conti di Calepio.	94. Contrada di Cologno.
43. Palazzo de' Conti di Calepio.	95. Porta di Cologno.
44. S.to Michele del Pozzo bianco, Paroc.	96. Contrada di Colognola.
45. S.to Agostino, PP. Agostiniani.	97. Contrada d'Osio.
46. Porta di S.to Agostino.	98. Porta d'Osio.
47. Forte S.to Domenico.	99. Porta di Colognola.
48. Mater Domini, Monache Domenicane.	100. Le Grazie, PP. Riformati.
49. Palazzo de Signori Lupi.	102. Ponte della Morla.
50. Pignolo, parte del Borgo S. Ant.	103. Borgo Palazzo.
51. Borgo S.to Tomaso.	104. PP. Cappuccini.
52. Porta di S.ta Caterina.	105. Lazzeretto.
53. Borgo S.ta Caterina.	

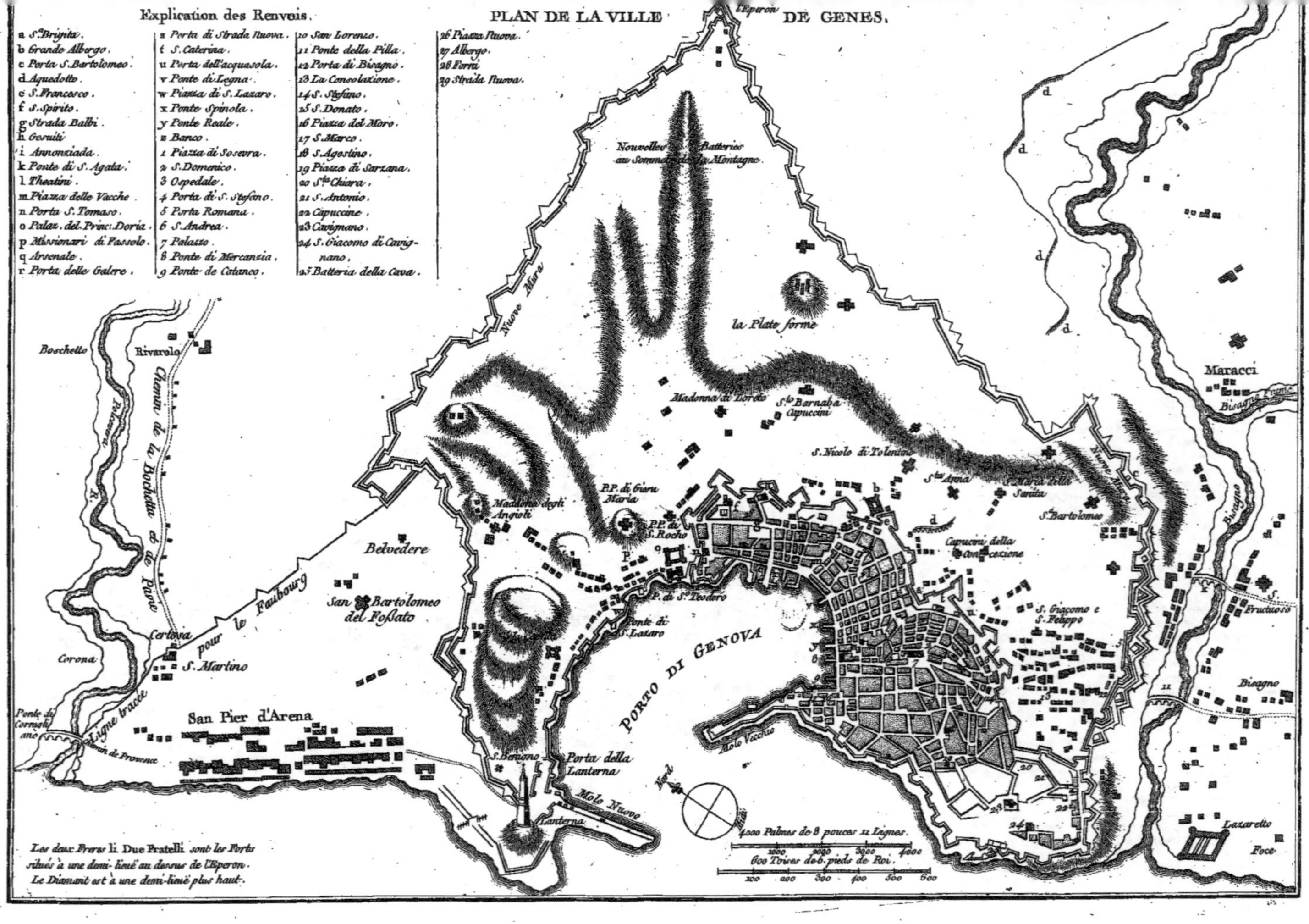

PLAN DE LA VILLE DE GENES.

Explication des Renvois.

a S.ta Brigita.
b Grande Albergo.
c Porta S. Bartolomeo.
d Aquedotto.
e S. Francesco.
f S. Spirito.
g Strada Balbi.
h Gesuiti
i Annonziada.
k Ponte di S. Agata.
l Theatini.
m Piazza delle Vacche.
n Porta S. Tomaso.
o Palaz. del Princ: Doria.
p Missionari di Passolo.
q Arsenale.
r Porta delle Galere.

s Porta di Strada Nuova.
t S. Caterina.
u Porta dell'acquasola.
v Ponte di Legna.
w Piazza di S. Lazaro.
x Ponte Spinola.
y Ponte Reale.
z Banco.
1 Piazza di Soserra.
2 S. Domenico.
3 Ospedale.
4 Porta di S. Stefano.
5 Porta Romana.
6 S. Andrea.
7 Palazzo.
8 Ponte di Mercanzia.
9 Ponte de Cotanco.

10 San Lorenzo.
11 Ponte della Pilla.
12 Porta di Bisagno.
13 La Consolazione.
14 S. Stefano.
15 S. Donato.
16 Piazza del Moro.
17 S. Marco.
18 S. Agostino.
19 Piazza di Sarzana.
20 S.ta Chiara.
21 S. Antonio.
22 Capuccine.
23 Cavignano.
24 S. Giacomo di Cavig-
    nano.
25 Batteria della Cava.

26 Piazza Nuova.
27 Albergo.
28 Forni
29 Strada Nuova.

Boschetto
Rivarolo
Chemin de la Bochetta & de Pavi
Palcevra R.
Nouvelles Batteries au Sommet de la Montagne
l'Eperon
la Plate forme
Maracci
Bisagno
d
Madonna di Loreto
S.ta Barnaba Capuccini
S. Nicolo di Tolentino
S.ta Anna
S.ta Maria della Sanità
S. Bartolomeo
Belvedere
Madonna degli Angioli
P.P. di Giesu Maria
P.P. di S. Rocho
Capucini della Concezione
San Bartolomeo del Fossato
pour le Faubourg
Certosa
Corona
S. Martino
P. di S.to Teodoro
Ponte di S. Lazaro
PORTO DI GENOVA
S. Giacomo e S. Felippo
Ponte di Cornigliano
Ligne tracée
Chemin de Provence
San Pier d'Arena
S. Benigno
Porta della Lanterna
Molo Vecchio
Molo Nuovo
Lanterna
Fructuoso
Bisagno
Lazaretto
Foce

Les deux Freres li. Due Pratelli, sont les Forts
situés à une demi-lieué au dessus de l'Eperon.
Le Diamant est à une demi-lieué plus haut.

4000 Palmes de 9 pouces 11 Lignes.
600 Toises de 6 pieds de Roi.

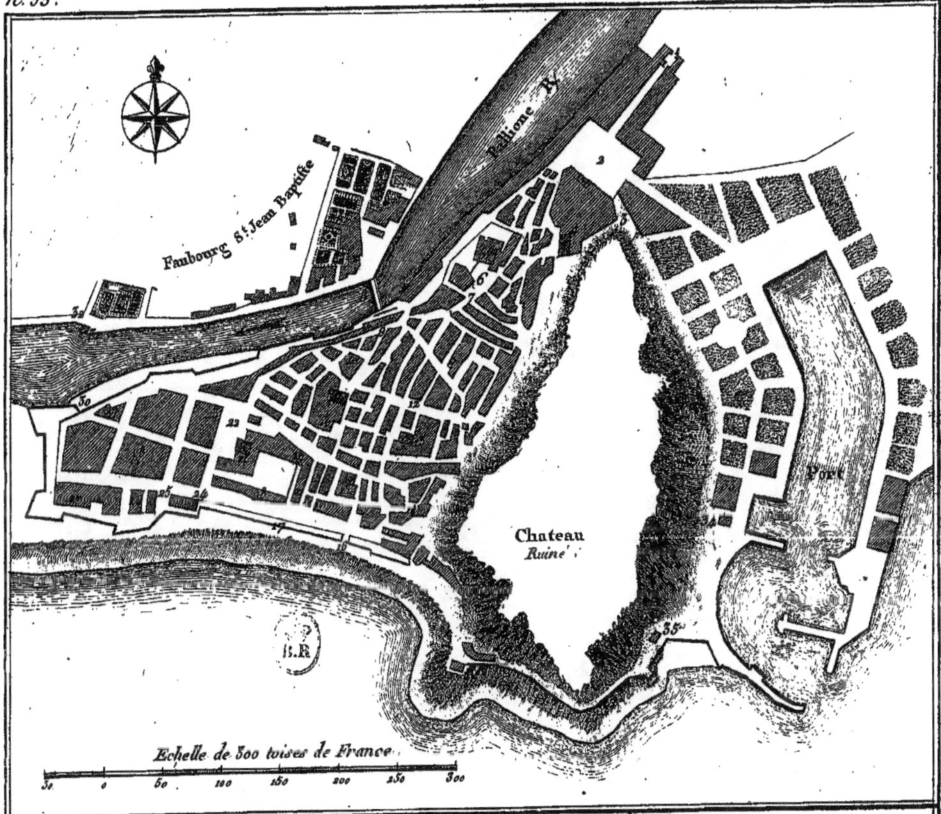

Explication des Renvois.

1. Porta Vittoria.
2. Piazza Vittoria.
3. Strada del Porto.
4. PP. Agostiniani.
5. PP. Francescani.
6. Palazzo Pubblico.
7. Strada Peiroliera.
8. Porta del Ponte.
9. Strada del Ponte.
10. Uffizio delle Poste.
11. Il Duomo.
12. Strada Retta.
13. Gesuiti.
14. Il Senato.
15. Carmelitane.
16. Porta della Marina.
17. Spaceggio Pubblico.
18. Magazzino del Sale.
19. Palazzo Reale, Governatore.
20. Vescovato.
21. Domenicani.
22. Piazzo S. Domenico.
23. Quartiere.
24. Il Parco.
25. Quartiere della Cavallerizza.
26. Il Teatro.
27. Uffizio del Tabacco.
28. PP. Minimi.
29. Quartiere.
30. Porta Nuova.
31. Passo del Pallione.
32. Strada della Podriere.
33. Dogana del Dritto di Villa franca.
34. Casa del Capitano del Porto.
35. Hôtel des trois Couronnes.